天津市哲学社会科学规划研究项目成果
课题编号：TJTY21-005

新型举国体制背景下“十四五”时期天津市三大球振兴实施路径研究

周秉政◎著

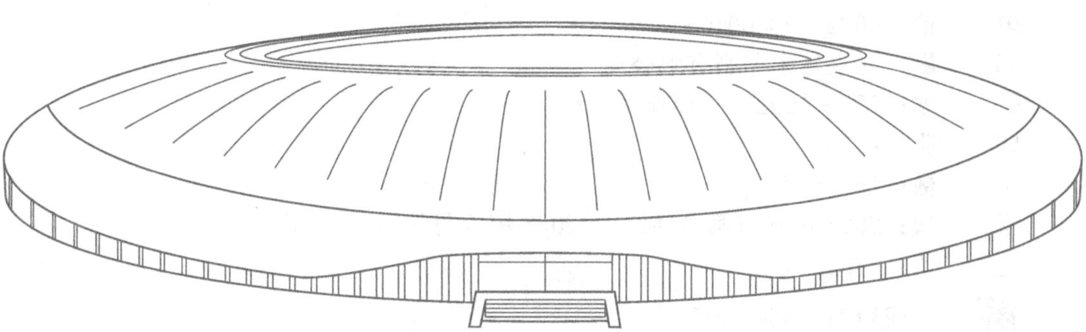

天津社会科学院出版社

图书在版编目（CIP）数据

新型举国体制背景下“十四五”时期天津市三大球振兴实施路径研究 / 周秉政著. -- 天津 : 天津社会科学院出版社，2023.6

ISBN 978-7-5563-0892-7

Ⅰ. ①新… Ⅱ. ①周… Ⅲ. ①足球运动－发展－研究－天津②篮球运动－发展－研究－天津③排球运动－发展－研究－天津 Ⅳ. ①G840.92

中国国家版本馆 CIP 数据核字(2023)第 105126 号

新型举国体制背景下“十四五”时期天津市三大球振兴实施路径研究
XINXING JUGUO TIZHI BEIJING XIA “SHISIWU” SHIQI TIANJINSHI SANDAQIU ZHENXING SHISHI LUJING YANJIU

选题策划：韩　鹏
责任编辑：王　丽
责任校对：刘美麟
装帧设计：高馨月
出版发行：天津社会科学院出版社
地　　址：天津市南开区迎水道 7 号
邮　　编：300191
电　　话：（022）23360165
印　　刷：北京建宏印刷有限公司
开　　本：787×1092　1/16
印　　张：9.75
字　　数：155 千字
版　　次：2023 年 6 月第 1 版　　2023 年 6 月第 1 次印刷
定　　价：68.00 元

前　言

举国体制蕴藏着社会主义集中力量办大事的独特政治优势和制度优势，是中国特色社会主义取得举世瞩目成就的秘诀之一，是中国竞技体育取得辉煌成绩的根本保障。从本质上看，举国体制的核心是“国”，是为实现国家利益和目标，调动全国的资源，组织全国的专业力量，通过计划或工程的实施实现国家利益的一种机制，也是一种充分发挥社会主义集中力量办大事的制度优势，基于国家能力与国家目标充分调动、配置、优化各领域的经济性与社会性资源，最终实现既定的国家战略目标的管理结构与治理体制。

我们最大的优势是中国特色社会主义制度能够集中力量办大事，要形成社会主义市场经济条件下集中力量办大事的新机制。这种在社会主义市场经济条件下，把社会主义集中力量办大事的优势和市场配置资源的竞争优势有机结合，调动全国的资源，集中力量实现国家利益的新机制即新型举国体制，新型举国体制即在市场经济条件下的“新的集中力量办大事”。

在此背景下，天津市三大球领域重视创新竞技体育人才培养、选拔、建立激励保障机制和运动队管理体制，各方积极性被充分调动起来。这些现象使得天津市三大球领域“思想一盘棋、组织一条龙、训练一贯制”的协作关系和价值体系得以体现。

同时,“十四五”时期又是天津在全面建成高质量小康社会基础上,开启全面建设社会主义现代化大都市新征程的重要五年,是推动高质量发展、构建新发展格局的关键时期。中国共产党天津市第十一届委员会第九次全体会议认真贯彻落实党的十九届五中全会精神,结合天津实际,提出加快推进服务业数字化,加快发展健康、养老、育幼、文化、旅游、体育、家政、物业等服务业,体育成为天津“十四五”时期发展的重要环节,而体育领域中具有重大影响力的三大球的发展,又成为重中之重。

从我国体育事业的发展来看,2020年秋颁布的《关于深化体教融合促进青少年健康发展》的文件,引发体育和教育界热议。细读文件内容,不难发现在其涉及的体育课、赛事体系、运动队建设、社会体育组织等几大主要方面都体现了党和国家对过去体育管理问题的反思,新型举国体制应首先是有为政府和有效市场的平衡。三大球项目既是学校体育的重要内容,背负着体育核心素养传播的希望,也是探索从学校培养更多竞技体育后备人才的先行者。理论研究始终是为了更好地服务于实践。探索三大球在新型举国体制下发展的规律,更好地发掘高水平竞技比赛的产业价值、从体教融合的建设中培育文化、吸引人才,从群众体育的开展中发挥健身价值。

天津城市的发展也遵从于国家发展战略的需要,三大球是天津体育的重要组成部分,在新型举国体制背景下,提高运动成绩,扩大影响力,进一步提升天津魅力,是本研究的价值所在。

目 录

第一章 绪 论

导言：习近平总书记指出："三大球要搞上去，这是一个体育强国的标志。"三大球振兴发展是体育事业进入高质量发展新阶段的攻坚内容，也是全面建设体育强国必须尽快补齐的基础性短板。"十三五"时期，天津市三大球都在不同程度上进行了一系列改革，也取得了一定的成果，但整体绩效，特别是核心业务指标与党和人民的期待还有较大差距。"十四五"时期，如何更有效率、更加科学地推进三大球振兴发展，关乎天津市体育发展全局。

第一节 新型举国体制背景下我国三大球发展现状

党的十九届五中全会擘画了中国未来5年乃至15年的发展蓝图，提出到2035年建成体育强国，党的二十大报告也明确提出了加快体育强国建设这一具体要求。这比2019年9月发布的《体育强国建设纲要》提出的到"2050年全面建成社会主义现代化体育强国"的目标提前了15年。提出在体育强国建设进程中，探寻新型举国体制的新特征、新变化，发挥新型举国体制优势，解决相关问题，构建中国新型体育人才培养体系，形成全民健身发展新格局，创新科技体制、机制及科技助力项目的治理模式，兼顾市场在资源配置中的决定作用与更好地发挥政府作用。

在竞技体育领域，奥运会成为人类的双重竞技场，既是自然生命和人种的竞技，也是国家和民族的较量，“争先争第一”成为中国的竞技体育精神。从创新竞技体育人才培养、选拔、激励保障机制和国家队管理体制的角度而言，竞技体育发展中的“卡脖子”问题并不单纯是某个科学难题、技术“瓶颈”、创新产品问题，而是中国竞技体育人才培养体系整体运行机制中的系统性薄弱环节——体教分离。构建体教融合新型竞技体育人才培养体系，培养德智体美劳全面发展的社会主义建设者和接班人，在多利益主体、多利益诉求的客观环境中，需要发挥新型举国体制在政府、社会、市场这三个系统中协调统一的优势。

政府部门注重提升自身的宏观管理和善治能力，加强业务指导和依法监管，强化竞技体育发展顶层设计，注重竞技体育改革的系统性、整体性、协同性、连续性，完善竞技体育的政策制度体系，优化和规范竞技体育发展环境。深入推进体教融合，把青少年竞技体育人才培养纳入国民教育体系，完善运动员的选拔输送、文化教育、人才引进、退役安置等保障激励政策，从根本上保证制度透明、体制透明等，形成架构清晰、类型多样、服务多元、竞争有序的现代竞技体育发展新局面。项目协会应扎实推进实体化改革进程，处理好项目人口发展、体育人才培养、备战参赛工作、赛事体系构建、项目文化传播、基层组织服务之间的关系，形成扁平化、专业化、高绩效的项目协会领导管理体系和项目国家队参赛指挥体系，确保项目发展的科学性、有效性和全局性。创新国家队组织建设模式，利用区域优势和社会组织力量多种形式承担国家队任务，大胆探索与社会企业、高等院校和地方部门合办国家队的模式，同时发挥市场机制作用，引导社会力量积极参与国家队备战。鼓励市场主体投入竞技体育训练基地建设，建立场馆市场化运营机制，提高训练基地整体效益。推进赛事举办权、赛事转播权、运动员转会、无形资产开发利用等进一步开放，深度挖掘体育竞赛表演业的发展潜力，使重要竞技体育资源公平、公正、公开流转，使市场在资源配置中起决定性作用。只有这样，才能最终构建起学校运动队、业余体校、体育俱乐部有机结合，青少年竞赛体系、学校体育竞赛体系、职业体育竞赛体系有机融合，国家队在学校、体校、俱乐部、职业队中选拔组建，运动项目协会对赛事审批、认证、管理和监督，不同类别运动员分层逐级有序参赛，体育系统、教育系统、社会组织多元投入的中国新型竞技体育人才培养体系。

在新型举国体制背景下，体育强国、体育强市是一个相对的、动态的综合概念。然而，三大球总体水平一直徘徊不前甚至出现下滑，人民群众很不满意。天津市的三大球水平发展不均衡，已经成为制约“运动之都”建设的障碍。从现在开始到 2035 年，建成体育强国只有 12 年的时间，从三大球发展的规律来看，这就是一个培养周期，意味着从现在就要开始布局，为 12 年以后做准备。

实现中国梦是 21 世纪中国人民的伟大理想，而中国梦中就包含着我们的强国梦。2008 年北京夏季奥运会金牌榜第一，2022 年冬季奥运会金牌和奖牌均创历史新高，优异成绩的获得使国人倍感自豪，实现了我们百年的梦想，使我们更加地自信自强。北京奥运会的辉煌，极大地激发了亿万人民的体育热情，站在这样一个新的历史起点上，中国体育应该如何持续发展。

在此背景下，“体育大国”与“体育强国”的问题引起了体育学界的高度关注，成为讨论的热点之一。中华民族是一个富有理想的民族，为实现体育强国而奋斗表现出了中华民族独立于世界民族之林的豪迈气概。同时，中华民族又是一个勤劳务实的民族，实事求是地面对现阶段我国体育的实际情况，反映出中华民族追求真理的执着精神。因此，当把“从体育大国向体育强国迈进”作为我国未来体育发展战略的时候，弄清并准确地把握体育强国的内涵，客观地面对我国现阶段的体育实际情况，理性地分析我国体育存在的问题，科学地定位我国体育目前的发展阶段，有利于调动一切积极因素，加快体育大国建设，不断向体育强国的目标迈进。体育强国是中华民族始终为之奋斗的目标，在成功举办 2008 年北京夏季奥运会和 2022 年冬季奥运会之后，我国审时度势地提出向体育强国迈进的目标，既面对了我国还不是体育强国的现实，又具有科学、协调发展我国体育的深刻内涵，这对我国体育的未来发展具有重大意义。

现阶段，我国仅仅是体育大国而非体育强国，这是大多数有识之士的共识。真正的体育强国需要在群众体育人口、社会体育产业、体育文化、体育竞技等多个方面达标。即使是在竞技体育方面，虽然我国近几届奥运会金牌和奖牌总数名列前茅，但并不能认为我国已经是竞技体育强国了。因为无论从金牌的含金量，还是从奖牌的绝对数量来看，我国的竞技体育和一些国家相比还有很大的差距。金牌大户并不等于竞技体育强国。从世界范围竞技体育普遍的价值评判标准来看，我们的基础大项和集体球类项目的落后，说明我国竞技体育的整体实力与发达国家相比还有不小的差距，这涉及对奥运会奖牌的数量与价值的判断。同样是金牌和奖牌，运动项目的地位影响不同，其价值也不同。

第二节　新型举国体制背景下天津市三大球振兴战略

在世人和大多数国人心目中，我国还称不上竞技体育强国，天津市也称不上体育强市，其非常显著的特征就是天津市的三大球竞技水平发展不均衡，女足成绩不错，但是没有市场，男足职业化程度最高，但是成绩始终在中上游徘徊。女篮职业队成立时间短，成绩及市场都有待开发，男篮有过进入职业联赛季后赛的辉煌时刻,但是也受限于资金、后备人才质量等因素,竞争优势不大。女排是天津市三大球成绩最好的项目,长期处于国内各种比赛的霸主地位,但是男排成绩不理想。尽管三大球在天津市的发展不均衡,但是还是深受广大群众的喜爱,不管三大球的水平目前在国内排名如何,群众依然不离不弃,割舍不下,所谓爱之深,责之切,更说明它们具有广泛的社会基础和影响力。所以,本研究认为:天津市三大球水平整体上不去,即使其他项目发展得再好,也不能说是真正的体育强市、运动之都。要想成为体育强市,就必须把三大球水平搞上去!只有解决了认识问题,才能解决如何行动的问题。当然,不是说天津市一下就能把三大球都搞上去,这里既有发展基础、时间、历史问题,也有发展方针、重点和阶段即发展战略问题。

决定一个国家或者地区体育发展水平的两个重要基础条件是经济和人才。根据 2023 年 3 月 17 日天津市统计局公布的《2022 年天津市国民经济和社会发展统计公报》显示,2022 年天津的 GDP 为 16311. 34 亿,全国排名第 11,增量 616 亿,并且处于稳步增长阶段;正如从人才基础看,天津是四大直辖市之一,三大球深受广大市民喜爱,有着广泛的群众基础。这说明天津有着三大球竞技发展的良好基本条件。那么,为何其竞技水平发展不均衡呢?天津三大球水平发展停滞的问题及原因在哪?三大球的发展与其他事物发展的客观规律一样,越向前发展,就越复杂多变、难以把握。因此,决定天津三大球竞技发展的指导者们,必须具备统领全局的本领、高超的战略洞察力和战略指导能力。所谓战略,是为达到统领全局的奋斗目标而根据事物本身的内在规律所作的谋划与规划。自古不谋万世者,不足谋一时;不谋全局者,不足谋一域。在世界三大球运动飞速发展的时代,唯有重视三大球发展战略才能先预后立,后发先至。过去,我们对三大球竞技发展所作的筹划,大多是在无战略理论指导下、不按客观实际而按政治任务主观进行的,所以战略上的失误时有发生。

因此可以说天津三大球竞技水平发展不均衡有多种原因，但不够重视三大球竞技发展战略或战略定位不准确是首要原因之一。有关部门对目前世界三大球运动的发展变化缺乏足够的重视，自身定位不准确，片面认为天津三大球在全国范围内还有一定优势，思想麻痹大意，缺乏居危思进的意识。战略正确就是最大的效益，战略失误就是最大的损失。因此，本研究试图运用历史总结、系统分析、专家访谈等研究方法，从发展战略视角上回顾天津市三大球的发展历程，发现和反思我们以往的失误。在此基础上，按照三大球竞技发展的客观实际，选准走向未来的战略方向，研究在新型举国体制背景下，天津市三大球竞技未来发展的指导思想、目标与风格、重点与阶段、对策与措施，为天津市三大球竞技发展的决策者们提供参考。

第三节　新型举国体制背景下天津市三大球振兴战略的意义

三大球是所有体育运动中最受关注并最具影响力的运动项目，其竞技水平是衡量体育水平的重要标志。一个国家、一个地区三大球水平上不去，即使其他项目奥运金牌再多，亦不能称为真正的竞技体育强国、体育强市。三大球深受天津市市民的喜爱，有着广泛的群众基础，历史上也曾有过辉煌。然而近年来天津市三大球发展不均衡，未来天津市三大球如何发展、如何与直辖市的地位相匹配是目前亟待研究的重要课题。

针对天津市三大球发展现状及不均衡原因进行剖析，进而对其发展战略作深入研究，既可丰富和充实三大球运动的理论体系，又可为提高天津市三大球竞技水平的实践改革提供针对性指导，同时也为相关决策部门制订天津市三大球发展规划提供参考依据。这对于促进天津市向体育强市迈进具有重要的现实价值和历史意义。本研究将体育强市与三大球相联系,提出只有在新型举国体制背景下研究天津市三大球竞技发展战略才更有价值和意义。尝试将战略学和运筹学中的理论和方法在本研究中加以应用,力求通过多学科、多角度的交叉研究,丰富完善天津市三大球竞技发展战略的理论体系。在研究内容上,前人虽有过类似的研究,但具体对天津市三大球振兴的研究并不多见。本研究力求从宏观整体上探讨天津市三大球总体发展战略,分别探讨足球、篮球、排球发展战略,从微观上具体探讨振兴天津市三大球竞技实力的对策与实践路径。

一、体育强则中国强,国运兴则体育兴

体育既是国家强盛应有之义,也是人民健康幸福生活的重要组成部分。国务院办公厅印发《体育强国建设纲要》明确提出:"努力将体育建设成为中华民族伟大复兴的标志性事业。"

以三大球为代表的集体球类项目,是基于对手瞬间博弈的项群,身体对抗强、技战术复杂多变、团队协同竞争和精神意志力要求高,同时也是参与度高、观赏性强,社会影响大,展示民族精神和国家形象的代表性项目。这样的项目特征使其更易与民族振兴、国家发展相关联、互映衬。1981 年中国男排在世界杯亚洲区资格赛上击败韩国队,夺得世界杯入场券时,北大学子走上街头,喊出了"团结起来,振兴中华"的口号。之后中国女排的"五连冠"以及郎平执教的中国女排传承和弘扬的女排精神更是鼓舞和激励了几代人,成为了时代精神的象征。同时,中国女足、女篮的每一次成绩的突破以及 2008 年北京奥运会上中国男篮的优异表现,又有姚明以状元身份加盟 NBA 并获得巨大成功,都在不同程度上成为中华民族伟大复兴的标志性事件。客观地说,如果仅看运动成绩,我国的乒乓球、羽毛球、跳水、举重、射击、体操等优势项目比女排、女足、女篮、男篮要更好,但在激发民族士气、展现时代精神方面三大球的作用显然更胜一

筹。这就提示我们,要努力将体育建设成为中华民族伟大复兴的标志性事业,没有三大球全面振兴作为核心支撑是无法从根本上实现的。标志性事业需要标志性注解和诠释,新时代全面振兴三大球正合其意、恰逢其时。

二、是全面振兴竞技体育高质量发展不可或缺的关键领域

现代竞技体育是在两条战线上的综合国力竞争,一是以奥运会为最高舞台的业余体育的全球竞争;二是以全球市场占有率、品牌影响力为标准的职业体育发展水平的竞争;三大球既是奥运会皇冠上的明珠,又是职业体育吸睛创富的高地,是全球任何体育大国、体育强国都不会舍弃的战略要地。改革开放之初,我国竞技体育整体发展水平相对较低,为迅速提升我国竞技体育的全球影响力,我们选择实施了《奥运争光计划纲要》,奖牌产出率高的个人项目和竞争相对较弱的女子项目被置于优先发展的地位,并在随后的历届夏季奥运会上取得了显著的战略收益,金牌和奖牌总数大幅提升,中国体育的国际影响力大幅提升。但是“田忌赛马”策略的长期实施,也给我国竞技体育发展带来了一系列结构性矛盾和问题,突出表现为奥运项目与非奥项目、冬季项目与夏季项目、男子项目与女子项目、个人项目与集体项目、奖牌多的项目与奖牌少的项目发展不均衡。三大球作为占用资源多、奖牌数少、女强男弱的集体项目,在多年奥运争光计划实施中整体处于弱势地位,资源投入不足、正向激励不足,致使整体水平与世界先进水平的差距越来越大。今天,中国体育已经整体迈入全面建设体育强国的新时代,推动竞技体育高质量发展势在必行,而竞技体育要实现高质量发展就必须着力解决结构性矛盾,特别是三大球全面振兴的核心问题。从一定意义上讲,没有三大球的全面振兴,就没有竞技体育高质量的发展。三大球的发展水平检验着竞技体育高质量发展的成色

和体育综合治理的能力及水平。

三、是全面振兴全民健身项目化和竞赛化发展的重要抓手

全民健身是国家战略，是满足人民群众追求美好健康生活的基本体育公共产品，具有全人群、全生命周期覆盖的基础性、全民性。当前我国全民健身整体上尚处在初中级发展阶段，突出表现在“五多五少”，即青少年和中年人参与少，老年人参与多；个体化参与多，组织化参与少；自我练习多，参与比赛少；健身功法推介多，项目化开展少；健身路径多，小型综合运动场少。在全面建设体育强国的新征程中，全民健身战略升级的方向将是项目化、竞赛化发展。让更多百姓爱上 1—2 个运动项目，通过长期从事该项目来开展健身，而不是跳一个舞蹈，练一种功法来健身，同时大力发展群众性体育组织，倡导社区体育自愿服务，组织更多基层群众性体育比赛，让普通百姓就近就便地参与适合他们水平的草根赛事，激发全民健身的内生动力，化解青少年运动参与不足，提高全民健身的黏度和热度，一定是全民健身向纵深发展的方向。三大球普及程度高，竞技教育价值大，深受民众尤其是青少年和中年人喜爱，是全民健身项目化、竞赛化发展的关键抓手。全面振兴三大球，绝不仅仅是单纯提高三个项目竞技运动水平，更是要压实三个项目的社会责任，带动三个项目的全民普及、全民参与，推动三大球振兴与健康中国、和谐社会建设协同发展。

四、是全面推动体育事业振兴和发展的重要引擎

体育产业是国务院确定的五大幸福产业之一，是《体育强国建设纲要》中明确提出要打造的国民经济支柱性产业。动员全社会力量大力发展体育产业不仅对体育改革与发展具有重要意义，而且对稳增长、调结构、促就业、推动体育与相关产业协同发展、融合发展、创新发展也具有战

略价值。当前我国体育产业与党中央、国务院确立的发展目标还有明显差距，主要表现为总量不大、质量不高、效益不好，突出问题是体育本体产业尤其是运动项目产业发展滞后，体育服务业占比太低，职业体育以及与其关联的相关业态发展不成熟，具有市场号召力和品牌影响力的赛事IP太少、体育产业专业人才不足等。三大球是高度职业化的运动项目，职业联赛起步早、市场号召力大、社会和媒体关注度高、人才培养、输送和流动的市场化机制较为健全，是体育本体产业中具有重要引领作用的龙头项目。三大球全面振兴，特别是利用好两个市场、两种资源改革创新、赋能发展，不仅是全面振兴三大球的应有之义，更是推动体育产业内生发展、高质发展、持续健康发展的关键一招。

五、是全面推动体育文化建设不可或缺的示范工程

体育文化是体育发展的深层动力，全面建设体育强国需要体育文化的内化引领。体育文化主要表现为运动情境下人们实际的“所思、所言、所为”，本质是体育的人化和教化，包含体育物质文化、体育制度文化和体育精神(价值观)文化。当前我国体育文化建设存在重体育价值观和精神文化建设，轻体育制度和物质文化建设；重整体体育文化归纳和提炼，轻每一个运动项目文化建设的问题。三大球是大众广泛参与、喜闻乐见的项群，社会影响大，对青少年人格完善的竞技教育价值大，其运动实践中凝练和展现的核心价值观，如“女排精神”，极易被人们接受、被社会传扬。三大球全面振兴，是包括项目推广普及、竞技运动水平提升、项目产业发展、项目文化建设在内的全方位振兴，其中项目文化建设是推动项目持续健康发展的内生动力和长久之策。三大球振兴的文化建设维度做好了，就能形成包含项目主题节庆活动、名人堂、博物馆、文学艺术衍生品、球迷文化、球员文化、联赛文化、运动队文化、项目核心价值观、项目发展社会责任在内的项目文化建设体系，进而为其他项目文化建设提供范

式和模板。

综上所述,本书基于以下四个基本观点进行论述。第一,三大球世界影响力举足轻重,是体育强国、体育强市的重要标志。实现体育强市的历史使命突显了提高天津市三大球竞技水平的重要性和紧迫性。第二,天津市三大球发展落后有多种内外原因,但过去发展指导思想与方针不明确、所制定的发展战略不清晰是首要原因。第三,天津市三大球发展有利的基础条件有三:一是三大球深受市民喜爱,有广泛的群众基础;二是过去证明天津市三大球可以站到最高水平领奖台上;三是目前天津市经济稳定快速发展。因此,只要发展战略方针正确,目标明确,重点突出,对策恰当,天津市三大球竞技水平就能有所突破。第四,天津市三大球既有共同特征又有不同特点,因此不仅要整体上研究其发展规律与趋势,还要依据每个项目自身的特点和发展态势,有针对性地研究每项球类的发展战略及其对策。

第二章　天津市三大球振兴的战略使命

导言:天津市三大球球队建设是以习近平同志为核心的党中央从党和国家事业全局出发,着眼于实现"运动之都""排球之城"等战略目标,顺应人民对美好生活的需要作出的重大战略决策,而三大球球队建设是实现集体球类项目提升跃迁的"基础"。本部分主要对天津市三大球球队建设的战略使命进行分析。

2014年8月16日,习近平总书记在出席第二届夏季青年奥林匹克运动会并看望中国体育代表团时指出:三大球要搞上去,这是一个体育强国的标志。近年来,围绕中国体育事业发展,国家颁布系列重要文件,均对三大球振兴给予高度关注。2019年发布的《体育强国建设纲要》明确提出:全面推动足球、篮球、排球运动的普及和提高。2020年9月,习近平总书记在教育文化卫生体育领域专家代表座谈会上指出:要探索中国特色三大球发展路径。2021年10月,《"十四五"体育发展规划》中多处围绕三大球振兴提出具体目标及举措。由此可见,三大球振兴既是我国体育事业进入高质量发展阶段的攻坚内容,也是全面建设体育强国必须尽快补齐的基础性短板。

以竞技水平提高为主线,全力做好三大球运动队建设,已成为天津市建设"运动之都"的焦点。纵观天津市三大球,男女一共有六支球队。

女足,1985 年天津市女子足球队成立,1989 年由于多种原因解散,1999 年又成立汇森女子足球队,成为当时国内的一支劲旅。2005 年以及 2006 年两次夺得中国女子足球超级联赛亚军,2007 年获得冠军,2017 年解散,震惊了国内女子足坛。2020 年 8 月,天津一支发展自校园的女足注册成为职业俱乐部,同年 11 月筹备完善的天津圣德女足召开新闻发布会,宣布参加 2020 年 11 月 30 日开始的女乙联赛。这支以校园足球为基础的女足队员首次参加联赛,就完成了冲甲任务,引起了大家的关注,在国内女足联赛中保持着较高的声誉。

男足,是天津市三大球队伍中,职业化程度最高的球队之一,从建队至今经历了以下几个时期。专业体制时期(1957—1992),1957 年 4 月,以成立于 1956 年的全国足球青年运动员组成的国家队,在天津市体委主任李耕涛的运作以及周恩来、贺龙的关怀和支持下,前往天津安家落户,第二年就获得联赛和足协杯的双料冠军。在此后的全运会、全国甲级联赛、全国足球锦标赛上都取得过优异的运动成绩。职业化初期(1993—1997),1993 年,天津组建足球俱乐部步入职业化。1995 年,三星集团冠名天津足球队,最终取得甲 A 联赛第 8 名,成功保级,1997 年,由于成绩不好,降级进入乙级队伍。天津泰达时期(1998—2020),1998 年 2 月 16 日,由天津市政府牵头,泰达集团整合足球资源,将天津三星与万科两队合并,成立天津泰达足球俱乐部,正式进入职业化时期,俱乐部成绩长期在中上游徘徊。天津津门虎时期,2021 年 1 月 20 日,天津泰达足球俱乐部正式更名为天津津门虎足球俱乐部,泰达控股退出俱乐部运营,球队战绩继续在保持在中上游。

女篮,20 世纪 80 年代参加过全国甲级和乙级联赛,虽然后来退出了全国联赛,但是参加女篮顶级联赛的愿望和决心一直没有动摇。2015 年,天津冠岚女子篮球俱乐部成立,使天津女篮在中断 30 年后得以重建,于 2018 年重返国内顶级联赛(WCBA),近年来成绩一直徘徊在中下游。

男篮，1952 年天津率先成立了全国第一支男子篮球集训队，1998 年以天津篮球队为班底组建天津和平海湾俱乐部，并于当年冲入男篮甲 B 的行列。2006 年，天津荣程联合钢铁有限公司注资，成立荣钢金狮俱乐部，完成了向职业男篮的转变。2008 年获得 NBL 联赛亚军，成功晋升 CBA 职业联赛，2019 年 5 月 17 日更名为天津荣钢先行者队。2013—2014 赛季，历史性闯进季后赛，并取得第六名的好成绩。2021—2022 赛季，时隔 8 年再次打进季后赛，终因实力原因，未能够再进一步。

女排，一直处在国内顶级球队行列，曾 5 次夺得女排亚俱杯冠军，5 次捧起中国女排超级联赛冠军奖杯，10 次问鼎全国女排联赛冠军，18 次闯入联赛决赛、15 次登上最高领奖台，4 次加冕全运会冠军，7 次荣获全国女排锦标赛冠军，7 次登上全国大奖赛冠军领奖台，全国三大赛（联赛、全运会、锦标赛）共计 26 冠王，也是中国第一支参加过世俱杯赛事的地方球队。

男排，在 2016 年 1 月 20 日结束的中国男子排球资格联赛中，以三战全胜的成绩成功冲入 2016—2017 赛季全国男排 A 组联赛，时隔 30 年再度回到全国男排顶级联赛的大家庭以后，成绩在逐年提升。

振兴三大球饱含着党和国家领导人的深切关怀，体现着党的二十大胜利召开以后，体育强国建设的明确奋斗目标，也是新征程天津市体育事业发展的前进方向。而当前天津市三大球发展水平距离党和政府的要求、人民群众的期待还有明显差距。其显性的竞技成绩下滑，受诸多因素影响，如：职业联赛水平、后备人才培养、职业队建设、运行机制等，均与天津市各级各类运动队建设紧密相关。为此，进一步改革与发展天津市三大球运动队建设、后备人才培养、学校三大球运动发展等是深化体育改革、促进天津市三大球振兴的现实路径。三大球振兴建设是一项系统工程，从顶层设计、协同推进、强基固本到久久为功，需要足球、篮球、排球共同作出努力。凝聚共识、形成合力，在全面总结和发扬中国体育制度优势的基础上，研究指出在新型举国体制背景下，天津市三大球振兴发展之路是实现体育强国建设目标的迫切需求。

一、三大球整体水平提升是天津体育强市的标志

足球、篮球、排球俗称三大球，是全球化开展的运动项目，竞技水平高，参与普及面广，社会和市场影响力大，在一定程度上代表一国体育发展综合实力。新中国成立以来，党和政府高度重视和关心三大球发展，贺龙元帅一句“三大球上不去，我死不瞑目”震撼和激励了几代人。然而，受多方面主客观因素的制约，当前天津市三大球发展水平与党和政府的要求、人民群众的期待还有明显差距。遵循习近平总书记对三大球发展提出的要求，从全面建设体育强市、运动之都的战略要求，推动三大球改革发展，具有深刻的战略意蕴和鲜明的时代意义。

二、三大球整体水平提升是天津体育事业发展不可或缺的核心内容

天津三大球的发展是天津体育事业发展的重要组成部分，也是“运动之都“建设中一颗璀璨的明珠。在足球领域，青少年赛事蓬勃开展；吸引力来自全市各区的学校、业余体校、培训机构、足球训练基地的学院参加市足球联赛，为学生球员搭建了互相沟通、交流、学习的平台。从2016年开始，组织评选“希望之星”活动，对入选的好苗子进行评估、系统训练和跟踪全过程管理。聘请欧洲有国际足联认证的高水平教练员执教，提升青少年的运动竞技水平。出访西班牙、塞尔维亚、巴西等足球水平高的国家，学习先进的训练、管理经验。扩大社会影响力，举办各种级别的培训班，提高民间足球水平。在篮球领域，发挥竞技体育的举国优势，全力以赴实施奥运战略和全运战略，注重各级梯队建设，每年组织全市青少年锦标赛，篮球的夏(冬)令营等一些列活动，瞄准一整个奥运周期和全运

周期,投入大量时间、金钱和精力,提高篮球项目的整体实力。以男女两大职业联赛为引领,聘请高水平教练员加盟,加强教练员队伍建设,全面提升综合能力和业务能力。在排球领域,保持女排国内长期霸主的地位,协调发展男排的不平衡问题,在探索中前进,在成功中汲取经验,在失败中总结教训,从人有我无到人无我有,探索出符合天津排球高质量发展的道路。总之,天津三大球的发展是天津体育领域深学笃用习近平新时代中国特色社会主义思想,凝聚推动天津体育高质量发展的强大势能,是打造天津城市发展的特色品牌、建设体育强市和健康天津的坚实基础。

三、三大球整体水平提升是天津竞技体育高质量发展不可或缺的关键因素

新时代天津三大球整体水平的提升,为天津体育高质量的发展明确了方向。第一,解决了天津竞技体育领域中资源分配的问题,由于竞技顶级资源有限,要实现竞技资源的分配,要综合考虑天津市的政治、文化、社会、生态等领的均衡发展,而现在国家对三大球发展的导向,决定了竞技资源要实现结构调整,转化为三大球发展的动力,满足新时代对天津竞技体育高质量发展的要求。第二,天津市"十四五"规划对体育的发展提出了高质量的要求,这是根据目前天津市的发展阶段、发展环境、发展条件作出的科学判断,三大球的发展要切实围绕高质量发展的要求,激活多元主体的活力,持续提高竞技体育的竞争力和竞技水平,满足国家、社会、个人的高质量需求。第三,"运动之都"是体育强市的题中之意,是建设体育强市的主引擎之一,在整体发展格局下,三大球的远景战略规划中,既要有科学性、系统性、前瞻性的设计,也需要统筹战略目标,精准发力寻求突破,精准施策久久为功,完成天津三大球的调结构、转方式、换动力、补短板、强弱项、稳增长、提质量的目标和任务。

四、三大球整体水平提升是天津体育产业全面发展不可或缺的引擎

"坚持举国体制、发挥市场机制"是三大球改革的方向,也是天津市竞技体育改革的方向,它还受限于整个国家政治、竞技体制改革的进程。坚持举国体制、发挥市场机制的命题关键在于政府,核心问题是政府再造、简政放权,为的是帮助市场主体找到主体地位,帮助社会组织确立合法地位,形成"政府—社会—市场"均衡发展的局面。因此,当前更加可行的是调整体育行政管理部门的职能,让职能部门的管理更加宏观。运动项目管理中心等性质的单位应逐步与行政部门脱钩,天津市体育局、区县体育局直接管理的产业集团、场馆运营企业、职业体育俱乐部等市场主体一律推向市场,接受市场的考验而独立运行。在此基础上,各级政府要针对职业体育、竞技体育发展的新形势、新问题修正相关的法律法规,出台建立关于竞技体育产品、服务、人才、资本、场地等多方面的标准,完善监管职能。发挥市场机制的引领作用,指望政府自上而下的改革并不现实,效果有限,市场机制的核心是保护个人的自然权利和社会权利,保障运动员、教练员、球迷、观众、投资人的法律地位。所以,发挥市场机制的引领作用,要有大体育观、要将体育作为社会文化的一部分,在保持体育自治的基础上,保证体育事务的法治空间。

五、三大球搞上去是推动体育文化建设不可或缺的示范工程

运动项目文化是运动项目的"灵魂"与"统帅",项目文化建设是推动项目持续健康发展的根本动力和长久之策。建设运动项目文化不仅是建设体育文化、弘扬中华体育精神的重要抓手,也是提升我国体育文化软实力、培育和践行社会主义核心价值观的重要举措。习近平总书记在教育

文化卫生体育领域专家代表座谈会上强调:"统筹推进'五位一体'总体布局、协调推进'四个全面'战略布局,文化是重要内容;推动高质量发展,文化是重要支点;满足人民日益增长的美好生活需要,文化是重要因素;战胜前进路上的各种风险挑战,文化是重要力量源泉。"

受多方面主客观条件因素的制约,当前天津市"三大球"发展水平与党和政府的要求、人民群众的期待还有明显差距。除了天津女排,其他项目不仅存在竞技水平长期徘徊、后备人才萎缩、职业联赛混乱等问题,运动员及全行业工作人员都出现精神面貌消沉、不快乐且不自信的状况,甚至社会上都出现了不看好"三大球"振兴的悲观论调,严重制约了天津市"三大球"的健康持续发展。因此,全面振兴天津市"三大球"亟需运动项目文化的正向引领,为"三大球"运动项目发展注入精神活力。正如习近平总书记在接见女排代表时所强调的:"广大人民群众对中国女排的喜爱,不仅是你们夺得了冠军,更重要的是你们在赛场上展现了祖国至上、团结协作、顽强拼搏、永不言败的精神面貌。"研究"三大球"项目文化的目的就是挖掘"三大球"项目文化内涵、提炼项目文化精神、推广项目文化故事、塑造项目文化形象,在全社会形成支持"三大球"发展的文化软环境。此外,挖掘"三大球"项目文化也是为建设包含球员文化联赛文化、项目核心价值观、项目发展社会责任在内的运动项目文化体系奠定基础,进而为其他运动项目文化建设提供范式和模板。

第三章　天津市三大球振兴的历史经验

导言：历史是现在和过去永无休止的对话，科学研究不能隔断历史，更不能没有历史意识，倘若脱离历史或任意裁剪历史，其结论只能是空洞的抽象或片段的景象。本部分主要回顾不同历史阶段天津市三大球球队建设的基本情况，为三大球新模式和新机制的构建提供天津经验。

第一节　天津市足球运动发展的历史经验

一、建国初期天津足球展示城市精神面貌

新中国成立初期，国民经济基础薄弱，人民生活水平落后，我国体育、教育、医疗、工业等都处于大发展阶段。1951 年 12 月 1 日，“全国足球比赛大会”开幕，解放军、铁路、东北、华北、华东、中南、西北和西南等球队就在天津的民园体育场进行比赛。1952 年 6 月 10 日，毛泽东在中华全国体育总会成立大会上发出了“发展体育运动、增强人民体质”号召，提出了体育发展的根本目标任务，为我国足球运动的发展指明了方向。1952 年 7 月 22 日，成立了新中国首届国家足球队。

毛泽东同志对足球运动的发展十分关心，他认为足球运动能够展示

国家形象和民族精神。1955 年 10 月 30 日，毛泽东同志在北京先农坛体育场观看了苏联列宁格勒“泽尼特”足球队对“中央体院/一机联队”的比赛。他认为中国队在比赛中展示了国家形象和民族精神，虽败犹荣，这是一种体面和有尊严的告负。1956 年，奥运冠军队南斯拉夫足球队来华访问比赛，大比分战胜了中国足球队。毛泽东同志却在赛后热情地接见了南斯拉夫足球队，并中肯地进行评价。通过此次活动，毛泽东同志向世人展示了中国人败不馁的英勇姿态和客观务实的作风，并提出对中国足球运动发展的期望。

1957 年 4 月，天津足球历史上的里程碑事件，14 名国家队白队队员在领队王伯青和教练邵先凯的率领下落户天津，第二年，白队代表天津队获得了联赛和足协杯双料冠军，天津足球历史上鼎盛时期的大幕逐渐拉开。

二、天津足球队国际赛场初露峥嵘

1974 年，天津队迎战朝鲜的鸭绿江队，鸭绿江队因友谊赛频频告捷而自诩为“打遍中国无敌手”，但是在民园体育场面对天津队时，鸭绿江队疲于奔命、频频丢球，比赛结束后，全队称赞天津足球厉害，他们心服口服。1986 年，天津队与来访的荷甲劲旅芬达姆队进行了一场友谊赛，最终 4:0 大胜对手，赛后欧洲的主流媒体详细地报道了本场比赛，天津足球从民园走向了世界。

三、天津足球加强国内外交流合作

2017 年至 2019 年期间，天津足球“希望之星”作为天津“一带一路”人文交流使者，先后出访西班牙 3 次，塞尔维亚 2 次，巴西 1 次。通过与足球先进国家青少年球员间的交流、学习、训练、比赛，近距离感受了足球先进理念的熏陶，开阔了足球发展的视野，获得了竞技能力的迅速提升。

和西班牙足球学院、贝尔格莱德足球协会、巴西圣保罗州足球协会签订少年儿童足球交流合作协议，建立了国际体育交流和发展的纽带。

四、天津足球重视青少年足球运动发展

天津市历来都十分重视对足球后备人才的培养，从建国初期就派出青年队赴欧洲向当时的足坛劲旅匈牙利学习，并邀请苏联足球专家来讲学，近些年来采取的"请进来、走出去"的战略，选择西班牙、巴西、塞尔维亚等足球传统强国，通过交流训练比赛来加强青少年足球人才培养。同时让青训教练员随队参加集训，更新足球理念，提高技战术能力，不断提升足球青训水平。连续多年举办的天津市青少年足球五大联赛，吸引来自全市各区的学校、青训机构、青少年足球训练基地参加，为小球员搭建了相互学习、共同提高的赛事平台，形成具有天津特色的青少足球赛事体系，在全国青少年赛事开展上处于领先地位。从 2016 年开始，连续组织开展天津市青少年足球百名"希望之星"评选活动，通过青少年赛事举办，发掘优秀足球苗子，以此为基础组建"希望之星"代表队，参加相应级别的比赛。

五、天津足球运动队职业化改革的突破

1992 年，足球改革全面启动，中国足球工作会议在北京红山口召开，会议出台了《中国足球运动改革总体方案》等二十余部文件，明确了中国足球改革的方向和路线，中国足球率先迈出中国体育改革的第一步。1993 年，天津足球俱乐部成立，球队从甲 B 联赛开始新征程，第二年成功省级甲 A 联赛。1996 年，以天津二队为班底的天津万科队获得乙级联赛冠军，成功升级甲 B 联赛。至此，天津有了两支球队在各级联赛中大显身手。但是好景不长，1997 年，天津立飞三星降级至甲 B 联赛、天津万科降级至乙级联赛，迫使天津足球走向改革的"十字路口"。1998 年 2 月 16

日，由天津市政府牵头、泰达集团整合天津足球资源，将天津三星和天津万科两支俱乐部合并成立一个全新的俱乐部——天津泰达足球俱乐部。天津泰达成立后，第二年就获得甲B联赛冠军、重返甲A联赛的行列。2004年，第一届中超联赛在天津拉开帷幕，开启中国职业足球联赛新的一页，同一天，泰达足球场投入使用，天津足球的职业化进程越来越正规。

六、天津社会足球规模日益壮大

多年来，天津坚持开展以“超级联赛、甲级联赛、乙级联赛、足协杯赛、五人制联赛”组成的天津社会足球五大赛事，扩大天津社会足球人口规模，打造天津社会足球品牌赛事，同时推选天津优秀的社会足球队伍参加全国赛事，展现天津社会足球的发展成果。

第二节　天津市篮球运动发展的历史经验

一、党的领导是球队制胜的源泉

新中国成立以后，解放军在篮球队建立支部，保证球队强大凝聚力、战斗力的做法使越来越多的球队竞相学习。天津市各级篮球队，在条件允许的情况下，也纷纷地效仿，使党的领导能纵向深入球队基层，实现“党领导一切”的坚实组织保障。天津篮球队在党支部建设中，对党中央关于加强基层党建工作的相关指示精神深入理解，吃透内涵，并能根据出现的新情况、新问题来发展和创新党组织的形式。正是几十年来党支部建立在球队的做法使天津篮球加强了顶层设计、抓住了关键少数、创新了组织设施、增强了服务效能，成为了一切制胜的力量源泉。

二、竞技水平不断提高

天津篮球充分发挥竞技体育举国体制优势，全力以赴实施奥运和全运战略，注重梯队建设，每年组织全市的青少年篮球锦标赛，举办篮球冬（夏）令营，从全国吸纳符合注册规定的篮球幼苗，在后备人才培养上耐得寂寞、舍得时间、合理投入，瞄准全运会的周期目标，在整体打造上下功夫，形成了符合天津实际的青训体系，巩固和扩大篮球优势队伍，提高篮球项目的整体实力。自第十二届全国运动会开始，天津篮球均有队伍闯入决赛。天津女篮曾在20世纪80年代参加过全国甲级和乙级联赛，虽然后来天津女篮退出了全国联赛，但天津女篮参加国内顶级联赛的愿望和决心一直没有改变和动摇。2015年，天津冠岚女子篮球俱乐部成立，天津财经大学女篮代表天津女篮参加了第十三届全国运动会。后经天津市体育局的多方协调帮助，天津女篮在中断近三十年后得以重建，于2018年重返国内顶级联赛（WCBA），并被评为2018年天津体育十大新闻之一。天津男篮在得到天津荣钢集团资金支持后，走上了职业化的进程，并取得了一系列优异成绩，在2008年时隔40年进入全国男篮顶级联赛CBA，2013—2014赛季天津男篮首次冲进CBA联赛季后赛并取得第六名的佳绩，2021—2022赛季再次冲入季后赛，男篮不断刷新着队史新纪录。时至今日，天津篮球迎来了男女篮携手征战全国顶级联赛的盛况。在第十四届全国运动会上，天津篮球共有八支队伍参赛，其中四支队伍取得前八名的好成绩。

三、青少年后备人才基础不断夯实

天津篮球始终把完善青少年体育公共服务体系、普及青少年篮球运动发展，提升青少年身体素质，提高篮球竞技运动水平，培养更多高水平篮球运动后备人才为己任，不断推进天津篮球健康、协调、可持续发展。

天津市体育局、天津市篮球协会指导各级体育运动学校、业余体育训练学校、体育传统项目学校、青少年体育俱乐部加强队伍建设,重点抓好篮球教练员、指导员师资力量继续教育和培训,做好后备人才基地建设。

打造五大精品青少年篮球 U 系列赛事。以竞赛为主要契机和抓手,鼓励社会力量多渠道资金融入,组织和举办具有一定规模和影响力的青少年篮球赛事,激发各区参赛热情。

积极扶持青少年篮球俱乐部建设。加大对青少年俱乐部监督管理,提供并给予政策和人才支持。打破传统竞赛参赛壁垒和运动员参赛注册制固有模式,放宽参赛条件,鼓励和动员更多青少年篮球俱乐部队伍参赛,为青少年篮球人才培养奠定扎实基础。

狠抓青少年师资力量和篮球素养培训。开展篮球线上教育和基本技术现场教学,进一步提高篮球教练员和指导员的篮球技术和科学规范化管理水平。通过创新发展青少年篮球训练营活动,使我市青少年篮球素养普遍提高,因地制宜开展篮球专项基本技术、专项素质测试,根据实际出台切实可行的竞赛办法,延长赛程、增加赛事、低年龄组别,倡导和鼓励篮球从低年龄娃娃抓起,掌握篮球基本理念和技术。

近年来,通过举办一系列青少年赛事,使天津市青少年篮球运动员身体素质普遍提高,篮球基本功越来越扎实,战术打法愈加丰富完善,教练员临场指挥能力大幅度提高,天津市青少年篮球运动员精神面貌越加昂扬向上,篮球项目整体更加蓬勃发展。

四、群众篮球运动不断普及

天津市作为中国篮球的发源地,拥有深厚的篮球文化底蕴和群众基础,致力于为全市人民提供高水平、高质量的全方位篮球服务,搭建、创办各级各类群众性篮球活动,配套校园篮球、夜市经济、市民联赛等平台,吸引广大人民群众参与篮球运动,使篮球运动成为增强人民体质、促进体育产业发展的必要项目。

通过打造一系列精品赛事，广泛宣传提升知名度，扩大参与范围，吸引广大篮球爱好者积极参与。目前天津业余篮球联赛已连续举办七届，在市民中影响力颇大，在第十四届全国运动会群众组比赛中夺得亚军，实现历史性的突破。

天津篮球在办赛理念上也发生着变化，个别赛事采用分区制进行，实现赛事活动全市覆盖。同时，增设不同年龄段、不同性别及其他竞赛形式，极大地丰富赛事活动内容，提高参与热情，也增进区域间篮球文化交流。

为了确保赛事公平公正地进行，篮球裁判员队伍的建设也日趋完善。定期举办篮球裁判员培训，无论从数量，还是质量上都全面升级，为天津市篮球运动保驾护航，为全国输送优秀专业人才。同时，组建专业竞赛组织团队，满足在天津开展的各级各类篮球赛事活动需求。

近年来，天津篮球积极加强与周边省市联络与合作，形成各种形式的赛事、活动、论坛等交流活动，促进篮球体育文化交流，营造浓郁的篮球运动氛围，对区域间篮球文化交流进行了探索和尝试，与北京篮协、河北篮协创办京津冀三地篮球赛，设立三地篮球文化论坛，极大地促进了三地篮球体育产业、群众篮球的交流，互补优势资源，共同发展。

第三节　天津市排球运动队发展的历史经验

一、回顾历史、艰苦创业、厚积薄发创佳绩

1931 年，在爱国教育家张伯苓先生创办的南开中学，学生在学校的支持下，组织创立了南敏体育会，设有足球、篮球、排球、田径等运动队，其中南敏排球队是最主要的球队之一，规模大、人数多、影响力大。当年的

排球比赛为 9 人制，网高比现在要低，并且没有标志杆，比赛大多在露天进行。比赛时每队各有 9 名队员，位置分为前、中、后三排，每排三名选手，各排选手位置固定，不得越位。

1933 年春天，随着对外交往及比赛的增多，为了适应新形势的需要，南敏排球队聘请天津著名排球教练陶少甫为教练，改变了球队长期没有教练指导的历史。经过专业教练的指导，队员的基本功、攻防技术和整体战术意识有了系统提高。新中国成立以后，天津市的排球运动发展进入了正规阶段，1956 年 3 月成立天津市体育训练班，6 月组建了天津市男、女排球队。从此开始，天津男、女排球队每年代表天津参加国家体委组织的排球联赛。1958 年，天津女排率先进入全国女排甲级队行列，并保持全国先进水平；1958 年 5 月，天津男排随国家体委代表团访问西北，在青海、新疆进行比赛和辅导；1960 年晋级全国男排甲级队。1964 年初，经过周恩来总理批准，中国排球协会邀请日本著名排球教练大松博文访华。同年 11 月，大松博文率领日纺贝冢队首次访华，在北京、上海和广州进行了 8 场比赛、开设近二十次公开课，使中国排球人了解排球运动从严、从难、从实战出发，坚持大运动量训练的"三从一大"精神。奠定了日后中国排球和天津排球成长和腾飞的基石。当时大松博文不光带领日本球队与中国的球队比赛，还训练、指导中国的运动员，虽然当时被大松博文训练的运动员是由上海、山东、四川等队的队员组成的国家队，没有天津队的运动员，但是有两次在北京体育馆的训练课，大松博文即席邀请地方运动员参与，时年 20 岁天津籍的运动员赵雪琪就在其中，由于训练方式新颖，训练强度和训练量大，不少队员承受不了运动量，逐渐被淘汰下去，最后只有少数队员完成了训练。赵雪琪是完成这两次训练的少数队员之一，这次训练课影响了她以后的排球人生，在她 1993 年成为天津女排教练员后，遵循了"三从一大"的训练内涵，带领天津女排完成了不可思议的"三级跳"，从 1993 年青年联赛的 11 名（相当于全国的第 35 名）到

1997—1998 赛季全国女排联赛(顶级联赛)中拿到第 5 名,天津女排在比赛中表现出了韧劲十足、吃苦耐劳、打不死、拖不垮的比赛作风,这种作风也被称为“牛皮糖”精神,得到了球迷的认可和媒体的肯定。

2001 年,王宝泉接任天津女排主教练。为进一步提升女排竞技成绩,大胆起用新人,强化集体意识,天津女排的技战术水平上升到一个新的台阶。2003 年 1 月 25 日,在 2002—2003 赛季全国女排联赛决赛的决胜场中,天津女排在 9:13 落后的不利情况下,接连挽救多个赛点,最终逆转八一女排,首夺全国联赛冠军,创造了天津女排的历史。此间,天津女排为中国女排输送了李姗、张娜、张平、魏秋月四名优秀运动员,她们在国际赛场先后夺得世界杯和奥运会冠军。之后,天津女排为国家队输送的姚迪、李盈莹、王媛媛三名优秀运动员,在 2019 年女排世界杯上随中国队夺得了第 10 个世界大赛(世界杯)的冠军。习近平总书记赛后会见了中国女排代表,对于中国女排在赛场上表现出的“祖国至上、团结协作、顽强拼搏、永不言败”的精神面貌给予了褒扬。天津女排成绩斐然,达到了前所未有的新高度,天津女排精神在津沽大地被高声传唱。

天津男子排球长期在全国男排队伍行列中下游徘徊,无法形成有效突破,男线女线发展不平衡抑制了天津排球向全面纵深发展。虽然近些年来从山东、北京等外省市引进了一些内援,从欧洲、美国引进了一些外援,但联赛中天津男排一直在八到十名之间徘徊。要想迎头赶上,实现跨越式发展,稳步发展的策略肯定不能满足现实的需求。补强男排一直是天津排球在持续做的一项重要工作。2020 年,利用部队军体改革契机,市体育局从原八一男女排引进了多名优秀教练员、运动员,补充到天津女排、天津男排,并重建了天津沙排。其中天津男排无疑是最大的受益者,国手毛天一、袁党毅、翟浩楠的加盟以及相当一批有潜质的原八一青年男排队员的加入让队伍的整体实力具备了和国内一流强队抗衡的资本。2020—2021 赛季,天津男排在联赛中实现突破,取得第六名的好成绩。

2021年全国男排锦标赛，天津男排再次突破，取得锦标赛亚军，创造了天津男排征战全国比赛的历史最好成绩。

二、注重对训练指导思想的总结和提炼，为科学训练指明方向

任何一支球队的组建都不能没有自己的训练指导思想，并最终以战术指导思想的形式体现。可以说训练指导思想来源于比赛实践，并通过日常训练的贯彻落实，最终又反作用于比赛实践。

1955年，国家体育运动委员会提出“积极、主动、快速”的战术指导思想，为当时我国排球技术战术训练指明了发展方向。1958年，在成都召开的全国排球教练员训练会上首次提出了“技术全面，战术多样”的指导思想。1972年在北京召开全国三大球训练工作会议进一步提出“在技术全面的基础上，以攻为主，积极防守，发展高度，加强配合，实现快、狠、准、活”的战术指导思想。

1977年首次组织中国排球考察组，随同中国男女排球队赴日本参加世界杯比赛。考察组实地观摩分析后，提出“全、高、快，变”是当代排球运动的发展趋势与特点。1978年在漳州召开的全国排球工作会议上，提出了“在技术全面的基础上，发挥各队特长，向全攻全守型发展，坚持快速，发展高度，狠抓扣、拦、发三项得分技术，力争网上优势，以全面、快速、高度、灵活、准确的打法，争取主动，夺取胜利”的指导思想。

1989年在北京召开全国排球训练工作会议，各代表专家充分研究与论证后，把我国排球战术指导思想概括为“技术全面、突出特点、准确熟练、快速善变、发展高度、不断创新”。2001年全国训练工作会议上，排球运动管理中心在1989年提法的基础上，补充了“加强体能”的内容。

天津排球在训练与比赛中，严格遵循不同时期的全国排球训练会议的指导精神，结合自身的情况，走出了一条适合自己的“天津排球模式”。

从天津女排成员的个人经历及情况来看，教练员方面全部具有专业运动员经历且均曾执教于国家少年队、国家青年队及国家队等国字号队伍。教练员中个人经历尤其以王宝泉最为丰富，不仅亲自以队长身份带领国家男排征战而且还取得好成绩，退役开始执教后先是援外一年，然后在国家队担任陪打教练和国家队助理教练多年。在这一系列过程当中，王指导无论是从理论还是实践等方面都积累了许多宝贵经验，这也为其正式开始执教天津女排奠定了坚实的基础，有着过硬的执教条件再加上对排球事业的热爱以及奉献精神，才使得王指导带领天津女排得以保持良好的竞技水平。

天津男排成队的时间比女排晚，成绩也不如女排，近年来加大了资金的投入力度，也引进了一些有实力的队员，目前徘徊的全国的中下游水平。队员训练与比赛的指导思想遵循排球运动的发展规律及全国排球会议的指导精神，但是整体实力还是偏弱，再前进一步的“道路”还是比较困难的。

三、系统训练、全面发展是攀登技术高峰、培养尖子运动员的必经之路

运动训练作为竞技体育的重要组成部分，也是提高竞技能力和运动成绩最行之有效的途径，那么运动训练也是提高及保持竞技水平的最有效途径。对于职业运动队来说良好的竞技水平是其训练的最主要目的，而竞技水平的高低则要通过竞赛来体现，因此天津女排与天津男排这两支职业运动队的训练也都是围绕着比赛来进行的。在其良好竞技水平的保持过程中，随着不同对手及比赛规则与赛制的变迁，其训练方法及内容也相应作出改变，但唯一不变的则是对于良好竞技水平的追求。说到国内的排球比赛，整体水平及受关注程度最高的还数全国排超联赛，每年一届的排超联赛也是各个队伍训练的主要出发点。在对天津女排与男排的

训练观察过后不难发现，天津排球男女两支职业队对于每堂训练课、每项练习乃至每个球都要求队员要百分百的身心投入，在集体配合练习中教练员也时常提醒队员在场上一定不要闲着，要时刻准备、要精神高度集中、要清楚自己的位置与职责。虽然队中有助理教练及陪打教练，但在防守等练习中，主教练依然亲自上阵与陪打教练们一起形成一个强有力的对立面去锻炼队员，球队训练计划及其执行大部分都是围绕比赛来进行的，将其训练部分分为赛前准备训练、赛间保持训练及赛后恢复训练，从而更加科学地提升运动员的竞技水平与心理承受能力。

四、首先保证天津女排长期在全国领先、男排力争每年进步

天津女排成立于1956年，由于基础差、底子薄、队员身体条件一般，成立初期成绩并不出众。1965年，日本队主教练大松博文受邀到中国指导训练，其“三从一大”的训练理念也给当时的天津女排带来了深远的影响。1993年底，天津女排走到了濒临解散的地步。这时，抓了20年“娃娃”球员的赵雪琪临危受命，接过天津女排教鞭。赵雪琪决定在每个室内排球赛季结束后，所有主力队员转战沙滩赛场，这就意味着姑娘们的训练量要比其他队伍翻了两到三倍。室内室外的双线作战不仅磨炼了队员们的品质，也提升了信心与技术。卧薪尝胆的天津女排从此一步一个脚印地开始爬坡，这一阶段的积累也为后来的天津女排成绩大爆发奠定了坚实的基础。2001年王宝泉接掌天津女排，一方面在技战术训练方面有自己的独特的理解；另一方面在球队软实力锤炼方面则继续延续之前的思路，对于运动员心理和意志品质的训练咬定不放松，从而最终锻造出了一支过硬的天津女排，并成功多次问鼎全国联赛以及全运会冠军，一步步实现了“天津王朝”。球迷口中津津乐道的“无逆转，不天津”口号也可以说是对天津女排过硬软实力的最佳褒奖。

天津男排紧随其后，从欧洲、美国引进了一些外援，并在2020年，利用军体改革的契机，从原八一男排引进了一批队员，实现了从无到有、一年一个台阶的跨越，走出了一条出创新性的可持续发展之路。

第四章　天津市三大球振兴的优势与短板

导言：集体球类项目发展既有历史遗留的难题，也有现实发展的新情况，只要科学地认识、准确地把握、正确地解决这些问题，就能够把集体球类项目不断推向前进。本部分主要对天津市三大球运动队建设的现状以及问题从优势与短板的角度进行全面总结和梳理，从而获得对天津市三大球运动队建设问题的思考。

第一节　天津市三大球振兴的优势

一、制度优势：举国体制的优势体现

我国政治体制的基本形态决定了我国体育事业管理体制的权力分配：以体育行政部门为主导的组织体系。这个组织体系的机构设置与运作可以从横向与纵向两个方面进行分析。从纵向机构设置看，领导、参与体育事业的主要有国务院、国家体育总局、省区市体育局、地市体育局、县市体育行政部门等组织机构。这种由上而下的体育行政机构设置形式是举国体制下政令畅通的组织保障。除国家机关这一组织序列之外，还有中国奥委会和体总会两个全国的、群众性的非营利体育组织。从体育部

门的内部横向机构设置来看,国家体育总局下设有三大球项目管理中心,以落实单项体育运动项目管理机制。天津市也设有对口的运动项目管理中心,负责本行政区域内该项目的领导和管理工作。这种层次分明、结构单一的机构设置结构,从组织形式上确保了天津市体育政策方针的顺利落实、贯彻与执行。每逢重大赛事,我国从中央到地方都会组建层级不同的备战领导与指挥体系,作为举国体制下组织体系的重要组成部分。

二、天津女排精神:优秀三大球运动的精神传承

成功的运动队建设与队伍文化传承密切相关。没有文化的运动队就没有灵魂,可能会有短暂的高光时刻,但绝不会有长时间的繁荣。天津女排就是这样一支拥有优秀精神文化传承的球队,天津女排每次拿全国冠军都不是有绝对优势,她们拿冠军并不是说技战术水平比别人高出一大块,而是在迎难而上,艰苦奋战中取得的。在球队新老交替、状态不好的时候,天津女排也输过比赛,这很正常,符合排球运动的规律,但是天津女排虽然丢过冠军,但是从来没有丢风格、没有丢作风,始终靠自己的精神状态、战斗作风赢得对手的尊重。天津女排这种模式也只能出现在天津,天津人民把天津女排作为她们学习的榜样,最大限度地激发了天津女排的潜力,许多老队员克服伤病等因素,站好最后一班岗,因为她们觉得天津人民给女排的荣誉是全队的荣誉,有她们在,天津女排这种荣誉就不能丢,这又促使天津人民对女排更加热爱,推动她们不断前进。从专业队层面看,国内联赛屡创佳绩,已经荣获联赛“十五冠”的天津女排自身的优秀品质就一直在传承。天津女排精神最典型的表现就是给其他球队带来巨大困扰的第五局魔咒,从历年战绩看,不论天津队当时是“老将出马”还是“小鬼当家”,任何一支球队只要被天津队拖入第五局,想要获得最终胜利都要面临成倍的困难。这种精神力量,通过一代代地传承、激励、带动了三大球中其他队伍的发展,提升了天津市三大球的整体水平。

三、集中训练："三集中"模式便于更好地管理和进行早期正规化训练

训练不同于一般的锻炼身体，需要有一定的时间作为保证，如果对从事三大球训练的青少年运动员用普通学校的管理模式，其训练与学习时间将会发生冲突。而"三集中"模式为青少年运动员训练提供了更充足的时间，合理地安排好训练与学习的时间有利于青少年运动员全面健康发展，同时也有利于对运动员进行更好的管理，即使是有很高天赋的青少年运动员也必须经过专业系统训练才能充分发挥其潜力，天津市针对这种情况，出台了一系列针对青少年集中训练的文件，根据文件的指导精神，可以发现"三集中"办学模式有利于教练员尽早发现有潜力的运动员，有针对性地制订合理的训练计划，及时进行正确培养，更有利于培养出优秀体育后备人才。

四、中国特色：中国特色运动队思政建设

在中国特色社会主义制度下，作为天津市竞技体育的一个重要组成部分——三大球运动队，是中国共产党的领导下的集体，团队的所有人员都具备正确的世界观、人生观和价值观；利用训练及比赛的闲暇时间，进行爱国主义、集体主义、社会主义的艰苦创业精神的教育；在提倡共产主义思想道德的同时，把先进性和广泛性要求结合起来，鼓励一切有利于国家进步、民族团结、社会进步的思想道德在团队中出现。同时在比赛时期，在球队中成立临时党支部，发挥支部的战斗堡垒作用，这是其他任何一个国家的运动队都不具备的思想优势。同时，建立了完善的规章制度与开放的教育管理体制，思想工作的核心始终围绕着充分调动和发挥教练员及运动员训练比赛的积极性进行。在不同时期，天津市三大球运动队精神文化的建设，始终坚持加强党、团组织的建设，球队队员不光竞技

能力出色，还是一群能够面向现代化、面向未来、有理想、有文化、有纪律，能够在日新月异的竞技舞台上参与竞争并获得优异成绩的群体，天津三大球运动队始终处在健康、正确的发展轨道上。

第二节 天津市三大球振兴的短板

一、个人利益至上

传统举国体制在竞技体育领域取得举世瞩目成绩的同时，天津市三大球运动队集训选拔体制与传统优势项目几乎相同，却只有女排成绩优异，其他运动队难以取得令人满意的成绩。如今体育多元化的时代下，每个主体有着各自不同的利益，并不像计划经济时期可以充分调动资源。如今由于运动员个人利益、俱乐部利益和国家利益取向的多元化，在三大球建设中，运动员个人考虑自己的利益、商业利益越来越多，与项目的发展难以形成“命运共同体”。在天津市三大球发展过程中，某些人形成了“金钱至上”的思想，把三大球当作“资本运动”和“金元运动”来发展，严重背离了三大球发展规律。

二、后备人才储备不足

三大球运动队后备人才的多少以及质量，决定三大球运动队选材面的广度，以及选材质量的“高低”。在不同的时期，天津市三大球的成年队都出现过“老将”长时间占据主力位置的情况，随着年龄的增长，以及伤病的加重，这些队员的竞技状态已经出现了大幅度的“下滑”，但是确出现无人可以代替的情况，这是高水平人才出现年龄断层，后备人才顶不上来的情况，这种情况进一步制约着天津市三大球运动队向更高的台阶迈进。目前来看,无论是天津市三大球高水平后备人才基地还是普通后备人才培养单位,都面临优秀参训人数缩减的困境。这一局面与天津市直辖市的身份、“运动之都”的定位不符合。

三、训练保障不到位

基层训练保障不到位则是影响训练效率的重要原因之一。所谓“训练保障”主要由两部分组成。一部分是训练保障的硬件部分,即场地条件和器材设备;另一部分是训练保障的软件部分,即保证科学训练的相关条件,如科研条件和对教练员的职业培训等。通过调查,很多基层教练员反映训练硬件部分存在较大缺失,这种情况在天津市三大球的基层训练中尤其常见。此外,训练保障的软件方面,“进行科研活动条件不具备”“教练员职业培训时间或机会不足”“训练科学化程度偏低”也是基层教练员们经常反映的问题。

四、制度体系不健全

在天津市三大球发展进程中,许多方面没有相应的配套政策,而现有的一些政策也存在不完善。例如足球领域的《天津市足球改革发展实施方案》等顶层设计方案出台以后,设计方案的配套政策不健全,在足球普及、教练员培养、裁判员培养、足球媒体、足球基础设施、社会足球等层面都缺乏完善的相关配套制度。导致天津足球在执行政策方面出现了替代性执行、选择性执行、象征性执行的现象。基础性制度不完善。天津市三大球领域先后出台了涉及体制改革、项目管理、国家队建设、复合团队建设等一系列文件,但还存在政策协同性不够、责任主体不明、行政力量权重较大等问题。在市场经济条件下集中力量办大事的基础性制度还不完善,阻碍了天津市三大球整体水平的提升。

五、训练的科学化程度有待提高

目前天津市三大球发展中，尤其是运动队训练的专项化与实战化、针对性与个性化、程序化与现代化；高科技理论与技术对三大球运动队的整体渗透；运动训练方法与理论在不同学科、项目间和性别间的相互借鉴与移植；提高最佳竞技状态最高水平出现的频率、保持时间和延长运动寿命；心理训练的专项深化；运动训练的科学监测；科学选材等方面都有待提升的空间。

第五章　天津市三大球振兴的境外引鉴

导言：三大球的研究和发展都要面向世界，善于从国外的最新发展或研究中发现问题并获得启发，从而加快完善天津市三大球建设的步伐。本部分主要对国外三大球项目建设的典型经验进行提炼，为天津市三大球建设的新模式和新机制构建提供域外启示。

第一节　注重后备人才培养

一、足球

西班牙、德国等欧洲足球发达国家允许每个职业足球俱乐部二线梯队参加低级别的职业联赛。例如西班牙皇家马德里足球俱乐部，其预备队卡斯蒂亚即皇马 B 队参加西班牙足球乙级联赛（西班牙第三级别联赛），根据竞赛成绩可以升降级，但必须比一线队低至少一个级别。此外，西班牙设有全国性的 U18 联赛，包括“西班牙青年荣誉联赛”以及“西班牙青年国家联赛”两个级别，采用升降级以及季后赛的形式，将青年联赛、地区足协联赛以及业余足球联赛紧密衔接。

此外，英格兰、意大利充分运用众多的卫星俱乐部进行后备人才的培养。英超俱乐部极多,所以只有预备队联赛没有二队参赛的传统,那是因为有众多的小球队基础,曼联、阿森纳基本都有固定的年轻才俊输出租借到球队,如曼联固定输出普雷斯顿、安特卫普等小俱乐部。意大利虽然同样没有二队参加联赛的传统,但是意甲几乎每个强队都有众多卫星俱乐部,确保青年球员能够接受充分的比赛锻炼。

二、篮球

西班牙是近年来世界篮坛最炙手可热的球队之一,他们是仅次于美国梦之队的顶尖强队,在短短十几年间,西班牙篮球迅速强大,最大因素是他们极为严格、严谨的青少年职业培养体系。他们在培养青少年篮球方面和美国不同,在西班牙一些有天赋的篮球运动员在 14 岁左右就会与欧洲一些俱乐部签订合同,然后俱乐部会对他们进行全面的,系统的训练。小球员从小接受的就是正规且步步明确的培训体系,从小种下的理念便是:精妙的传球,准确的投篮,和永远以团队为第一位。是从外向里,一步步按照计划进行的,这样一来西班牙培养出来的篮球运动员在基本功和战术领悟方面会显得非常成熟,在培养青少年比赛中还设立了 U16、U18、U20 欧锦赛,这样使青少年篮球竞赛体制更加完善,在这样的培养体系下,使得西班牙篮球运动员在选拔、培养等方面有着自己的独特之处。

三、排球

美国女排“海选”已成惯例,历年美国队主帅都将进行海选,通过海选挑选出适合国家队、国家青年队完成该年比赛任务的球员。海选没有过高的门槛,凡是大学适龄球员、专业球员甚至业余爱好者都有资格报名,但能够通过初选来到集训队的大多是真正拥有潜质的年轻球员。在入选队员已经完成大学学业或职业俱乐部赛季的球员将拥有入选国家队的资格并获得美国排协提供的职业选手培训计划,其余高校球员也能够参与这些培训计划。

海选出的年轻球员有机会和美国队的主力球员进行交流,虽然海选的佼佼者未必能够在入选国家队的第一年就获得在国际赛场上出场的机会,但这些年轻人可以在公平竞争中获得参与到更高水平训练的机会,而美国女排也能够通过海选发现更多未来可造之才。或许正是美国排球这种选材、造材的不同思路和特别手段,致使美国女排经久不衰。

第二节　强调运动队的严格管理

一、足球

西班牙拉玛西亚训练营对青少年足球运动员的学习、训练和管理等方面有着严格的要求。在学习上,拉玛西亚训练营要求小球员平时每天要完成 7 小时左右的学习课程,就算是在学校放假或在周末期间,小球员们每天也必须要完成 6 小时左右的文化学习。训练营会安排专门的文化课辅导员和管理人员对小球员每天各时间段的学习过程进行监督、辅导。在训练上,拉玛西亚训练营始终坚持足球技术与技巧两个重点,坚决禁止训练营中 16 岁以下的球员进行专门的体能训练。在非比赛日,训练营中每一位小球员的训练时间均不得超过 3 个小时。在管理上,拉玛西亚学院会暂停未完成文化课作业和文化成绩考试不达标小球员的训练,取消其观看巴萨一队比赛的资格。对晚上离开学院、私自出入娱乐场所和参加不适当社交活动的球员,学院均会对其进行毫不留情的严厉处罚。

二、篮球

迈阿密热火队被称为 NBA 管理最严格的球队。一直以来,对球员的体脂率都有着非常严格的要求。迪昂·维特斯的球场表现还算不错，可是这几年因为伤病，体脂率难以达标，就算夏天减重了20磅，可是球队依然对他不满意。把他贬为替补，还以禁赛作为惩罚。当年奥尼尔和湖人不和，最终被交易到迈阿密热火。正是奥尼尔的加盟，让热火变成了总冠军级别的球队，并在2006年夺得热火队史首个总冠军奖杯。尽管如此，奥尼尔也被要求控制体重，并且不允许他因伤缺席训练。热火的前队长詹姆斯·约翰逊也因为体脂率不达标被禁止训练。虽然12天后球队宣布他归队，可是连续多场比赛都未能出场。虽然听上去有些苛刻，但是保持自己的身材，本就是球员的职业道德。像詹姆斯、乔丹这样的名人堂级球员，对自己的苛刻绝对是难以想象的。据说乔丹巅峰时期的体脂率，被严格把控在10%以下。所以这一严格规定对于球员的长远发展来看是可以起到促进作用的。

三、排球

日本著名教练大松博文是东方排球界的传奇人物，采用大强度、高密度的“魔鬼训练法”，将一群工厂普通女工训练成“东洋魔女”，使日本女排先后在1962年世界杯排球赛和1964年奥运会排球赛中获得冠军。

1965年周总理邀请大松博文访华，大松博文在到达北京的当天晚上便顾不得休息，带着他的队员直奔北京体育馆而去，为他们这天没能来得及进行的训练补课。大松博文在场上不停地呼喊，大声命令选手，站在网前像连珠炮似的把球扣出去，而接受接球训练的队员站在端线，刚在左角摔救一个险球，又得马上站起来跑到右角摔救大松猛扣过来的另一个球。这样来来回回，经历着一遍又一遍摔救，直到筋疲力尽瘫倒在地。尽管对此执教方式至今仍有争议，但其对挖掘运动潜力，提高意志品质，具有其他方式不可替代的作用。与此同时，证明了“三从一大”训练之路仍是实现运动水平稳步提高的捷径。

第三节　注重运用科技助力科学训练

一、足球

从2016赛季开始,英超联赛各球队先后引进STATSports公司的球员追踪技术和分析设备,依据对球员的分析结果,教练员可为球员制订符合个人状况的训练计划。

利物浦俱乐部在2021年赛季前联合神经科学体育训练机构Neuro11对球员进行"精神力量训练",旨在为精英运动员提供最先进的精神力量训练,通过该训练教练们可以知道球员在什么时候处于精神最佳状态,以帮助球员们长时间地保持在最佳区域内。

德国国家队使用"赛场分析透视"系统(SAP Match Insights),该系统通过在球员的鞋内、护板和训练场地内放置传感器来捕捉球员各种细节动作与位置变化,并经过后台迅速处理,教练利用平板电脑就能在Match Insights的界面上获得球员的全部数据和录像,可以方便地了解每个球员的特色和优劣势。

二、篮球

篮球是一项团体运动,除了个人实力还需要团队的协助以及战术的布置。对赛场数据的深度分析,能够帮助球队得到深刻的洞见。2016年,一家机器学习公司Second Spectrum利用AI技术,通过数据建模来选用球员、设计战术,完成赛场的视频跟踪和分析。通过对摄像视频的数字解读,全面分析赛场的情况。系统使用了一种叫"时空模式识别"的算法,通过从大量的历史数据中学习,最终从实时视频中识别球员的行为,比如球场上执行教练的战术特征,能够区分出挡拆、双挡掩护等篮球战术技巧。系统还通过二十多种篮球战术的训练,掌握了五百多种篮球战术,最终达到能够为教练出谋划策的地步。以挡拆战术为例,AI 能够根据形势作出最优的判断,持球者需不需要掩护,以及掩护者后续的动向。在这项技术的加持下,最理想的情况下,球队只需几秒就能读懂比赛策略和趋势概率,而以往这种分析需要耗时数月。

科学训练是快速提高技术,减少运动伤病的基础。在 NBA,球队会专门由训练师对运动员进行力量训练,根据比赛的赛程制订出合理的计划。球队会敦促每一个球员学会了解并保护自己的身体,保持良好的状态和节奏,会有专业的检测仪实时监测每个球员的身体机能,确保不会训练过度。例如 NBA 球员每一天都会在训练馆待上 6 个小时甚至更多。将严格按每天的训练计划进行,计划包含 2 个小时的田径项目,2 个小时的篮球技巧,1 个小时的有氧/心肺运动,1 个小时的力量练习。练习中利用精密的 GPS 设备,安装在运动员背后斜方肌上部,可以详细记录运动员心率变化、运动负荷系数,检测球员在多长时间需要休息。并根据这些数据调整第二天训练计划,促使训练科学高效。

三、排球

日本排球协会和日本筑波大学联合研发了一种排球训练机器人,以帮助日本国家排球队训练。用长手臂模拟对手的拦网队员,其手臂长度和关节角度均可调节,以模拟不同的拦网角度。而教练员则通过平板电脑控制机器人的移动和位置。该机器人的移动速度和顶级排球运动员的水平一样,可达 3. 7 米/秒。

日本国家队运用训练机器人进行拦网训练来加强队员的进攻实力,充分说明了现代运动训练的智能化发展方向。当前在人工智能的推动下,应用于运动训练的智能设备、算法不断更新。在未来,运动训练应借助逐渐成熟的人工智能技术,设计出更多专项化的智能设备,开发更加丰富多样的智能算法,通过多种人工智能技术的综合应用,为训练计划、实施和反馈等多个环节的理论研究与实际应用建构"智能桥梁"。

第四节 建立完善多层次竞赛体系

一、足球

英格兰足球青年超级联赛是英格兰足球体系之中青少年足球的最高级别赛事,而同年龄层在青年超级联赛之下还设有较次要的"青年联盟"供其余的职业俱乐部和一些议会联赛的年轻队员参与。英格兰足球青年超级联赛采取联赛结合淘汰赛的制度,在南北分区下各设有两个赛区,即40 支参赛球队分成四个赛区。每支球队在赛季内与同组对手进行主客场两次交手,此外还要与同分区另一赛区的球队进行一场较量,因此一个赛季最低限度需要踢 28 场比赛。在循环对赛完毕之后,四个赛区的第一名会直接晋级附加赛,进行单回合的淘汰赛竞逐冠军。

韩国青少年四级联赛中,为了能够让球员们有更多参与足球比赛的机会,在小组赛结束之后,没有晋级的球队将会和其他组被淘汰的球队继续进行比赛,一直持续到整个大赛结束。

二、篮球

NBA 联赛是世界上最成熟的职业篮球联赛。它完善的赛制体系是自身健康发展的基础。NBA 球队分为东西两个联盟,共有 30 支球队。整个比赛采用了非升降级制度。一个赛季时间长达 8 个月之久,分为常规赛和季后赛两个阶段。除此之外还设有夏季联赛、季前赛作为正式比赛前的准备赛,作用是磨合阵容,挑选球员、试验新规则及裁判培训。除了丰富的赛程安排,NBA 的选秀制度是联盟不断发展的动力源泉,它不但是各支球队垄断高水平运动员、增加新队员的唯一途径,同时还是实现球队实力均衡的调和剂。其次是运动员的转会制度。NBA 的转会市场十分通畅,不管是巨星还是板凳队员,都可能被转会。转会全程受到球员工会的监管,最后由联盟对签约合同进行审核。防止签约违规行为。规范的转会制度既保证了球员的流动,又平衡了球队间的实力,确保了 NBA 没有永远的强队和弱队。

三、排球

排球作为一项集体运动,以赛代练、赛练结合对运动员的成长十分重要,因此在运动员各阶段参加一定数量的比赛很有必要。美国排协下属的区域性协会每年会定期举办一系列不同规模的比赛,以各俱乐部为单位,分为 Areateam 和 Powerteam 两种赛事,比赛设在综合体育馆或展览中心内, 可同时容纳多支球队同时参加比赛,通过比赛的方式保持并提升运动员的竞技水平。赛事一般按种子蛇形排位队伍参赛顺序,每四支队伍占用一块场地,单循环赛后分级到其他场地继续比赛,比赛衔接极为紧凑,三局两胜制居多。这种赛制会充分利用周末、节假日等在两三天内把所有比赛打完,既节省了时间,又充分达到了比赛安排的目的。

第五节 注重运动队特色文化建设

一、足球

德国足球每一代都延续着“德国战车”主进攻、重力量的技战术风格。赛场上的球员彰显出不卑不亢的拼搏精神、集体意识、团结奋进、坚韧与德意志民族的整体纪律感、奋进感、秩序感的文化性格如出一辙。

荷兰足球自上而下体现出“全攻全守”的独特技战术风格。球员技术出色、位置感良好、跑位灵动、富有创造力和攻击力，这源于荷兰青训和国家队足球技战术风格理念的衔接和历史传承，这种衔接和传承得益于荷兰所具备的足球发展基础和文化发展背景。

日本足球学习、追求巴西式的技术型足球，在结合了本国人种优势与劣势的实际情况下，形成了细腻、精准、快速、配合执行力强的技战术风格特点。在比赛中强调个人技术与集体战术的相互配合，追求个人牺牲，顽强拼搏，体现整体意识、短传渗透的战术风格是其强烈的集体意识、服从意识的体现。

二、篮球

菲尔·杰克逊是拥有 11 枚总冠军戒指的传奇教练，他在团队文化建设方面有自己非常独到的见解。他认为要想打造一个无敌的团队，不断取得成功，关键在于所有成员从思想上必须统一，通过深入了解队友，与他们建立心灵上更深的联系最终达到同一种呼吸、同一种思想、同一种精神的境界。为此，菲尔·杰克逊曾经在比赛前安排队员们在封闭的房间进行冥想。首先球员们安静地坐在一起，不受外界干扰，能让人之间产生更深刻的联系。球员联合在一起时产生的那种强烈的兄弟情，能够产生一股巨大的力量，扫清一切对于失败的恐惧。其次，他总在向队员们灌输一种理念，即优秀的团队不是以“我”为中心而是以“我们”为中心的。在菲尔·杰克逊成为主教练之前，公牛的打法是以乔丹单打为战术，在菲尔·杰克逊接过教鞭后，他将三角进攻植入公牛战术，提出分享球，这使得乔丹的球权大大减少，他对乔丹说：“如果我们有一套成熟的进攻体系，你就不能做一个拿球只知道得分的球员。”之后乔丹逐渐接受并理解了菲尔·杰克逊的理念，尽管球权和数据“遭到打压”，却真正体验到了团队胜利。

三、排球

法国男排在 1988 年首次参加奥运会，之后又参加了 1992 年巴塞罗那奥运会、2004 年雅典奥运会和 2016 年里约奥运会，但是成绩一直不太理想，一直到 2020 年东京奥运会上才获得了历史上的第一枚金牌。赛后 FIVB 采访教练员劳伦·蒂略：“如何造就一支出色的团队？”他说道：“要想培养出一支出色的球队，就得让球员们相信自己可以做到。让球员突破自己的极限是很重要的，这也是我的球员的长处和品质。我认为最困难的一件事就是把队员们团结起来，齐心协力，共同进退。让他们能够突破每个人的极限，这非常困难。我会把每一位球员都当作自己的孩子一样去对待，对所有的球员都给予相同的机会，在整个队伍中营造一种公平的氛围。”运动员凯文·蒂略说：“我们知道获得奥运会参赛资格的概率非常小，因为比赛十分的艰难，压力很大，而且我们也不是夺冠的最大热门。但是能够获得奥运资格对于每个球员来说都是一种了不起的感觉。我们为参加奥运会付出了巨大的努力，起初其他对手并不看好法国，没有人相信我们，但是我们做到了！”

第六章 天津市三大球发展战略回顾与思考

导言：三大球是世界上开展最广泛、影响最大的项目，也是我国人民群众十分喜爱的运动项目。三大球竞技运动被全世界人民所关注，一个国家、一个地区、一个城市的三大球运动竞技水平直接牵动着公民的心，三大球运动的发展和技术水平的提高，对丰富人民群众的精神文化生活、提高劳动者素质、振奋民族精神、加强同世界各国人民和运动员的团结与友谊具有重要意义。

第一节 天津市足球发展战略回顾与思考

一、中国足球竞技战略发展回顾

足球运动具有广泛的社会影响力，深受广大群众喜爱。发展和振兴足球运动，对提高国民身体素质，丰富文化生活，弘扬爱国主义，集体主义精神，培育体育文化，发展体育产业，实现体育强国梦具有重要意义，对经济、社会、文化建设也具有积极促进作用。我国足球曾在亚洲取得良好成绩，从 20 世纪 90 年代初期开始探索发展职业足球，改革一度带来活力，但由于对足球的价值和规律认识不足,急功近利思想蔓延,组织管理体制落后,人才匮乏,监管缺失,导致足球发展的社会基础薄弱、行业风气和竞赛秩序混乱,运动成绩持续下滑(见表1)。

表1　中国足球发展战略定位与历史回顾

时间	时期	指导思想与方针	目标和任务	发展阶段
1950—1957 年	新中国成立起步阶段	普及发展	大力开展群众体育	赴匈牙利学习
1958—1965 年	社会主义建设初期	巩固、提高	迅速提高技战术水平	缓慢上升到停滞
1966—1976 年	“文革”时期			徘徊与倒退
1977—1991 年	恢复发展时期	坚持“三从一大”	大力开展足球运动	回归体制
1993—2002 年	第一个十年计划	面向现代化、面向世界、面向未来	男子进入世界杯,女子进入世界大赛前三名	足球职业化改革
2003—2012 年	第二个十年计划	以世界杯、奥运会为目标、健全竞赛体系	2008 年奥运会,男足完成八强、女足进入冠亚军决赛	水平下滑
2013—2022 年	第三个十年计划	改革创新、政府主导、社会参与	男足跻身亚洲前列、女足具备与世界强队抗衡能力	依旧有下滑趋势

1992 年 6 月的“红山口会议”确立了中国足球要走职业化道路的改革方向。中国足球是中国体育界最早推进职业化改革的项目。1994 年,职业化改革初期,甲 A 联赛火爆异常,中国足球一度繁花似锦。然而,由于足球基础薄弱,社会条件不成熟,改革不够彻底,各种配套制度也没有跟上,整个足球发展走入歧途。虽然 2002 年世界杯国足出线给中国男子足球带来了短暂的荣光,但随着世界杯上中国队一场未赢、一分未得、一球未进,中国男子足球再次被打回原形,并开始快速下滑,社会上对足球

改革的呼声一浪高过一浪。但是,中国足球始终未进行实质性改革。直至 2009 年,假赌黑等"窝案"逐渐浮出水面,行业管理混乱、球场舞弊现象严重等问题才大白于天下。另外,中国男足距离世界杯越来越远,社会上对于中国男足责难不断,把中国男足"逼"到了必须真正彻底改革的境地。2013 年 6 月 15 日,国足在一场友谊赛上以 1∶5 惨败给泰国青年军。积重难返的中国足球终于到了需要进行一场"大手术"的关口。

2009 年以来,通过以打击假赌黑为重点的治理整顿、发展校园足球等举措,足球事业趋势向好,迎来一个新的高潮。但相对于迅速发展的世界和亚洲足球,我国足球仍全方位落后。振兴足球是建设体育强国的必然要求,也是人民群众的热切期盼。坚定不移地推进改革,振兴足球,并以此为突破口深化体育管理体制改革,是体育战线贯彻落实党的十八大和十八届二中、三中、四中全会精神,顺应人民群众新的期待,提升中国体育大国形象,实现体育强国梦的实际行动。自党的十八大以来,国家层面的改革措施频出,而作为改革大盘子的重要组成部分,体育亦得到了党中央和国务院的高度重视,而振兴足球作为发展体育运动、建设体育强国的重要任务也被摆上了日程。党和国家领导人多次指示要下决心把我国足球事业搞上去,国务院多次专题研究部署,我国足球改革发展迎来了前所未有的大好机遇。2014 年 1 月,党和国家领导人在与新一届中国足协执委、足球界代表座谈时强调,要以中国足协换届为新起点,认真贯彻党的十八大、十八届三中全会精神,深入学习习近平总书记关于体育工作的一系列讲话精神,凝聚共识,坚定信心,不负重托,以振兴中国足球的实际行动为建设体育强国、实现中国梦做出应有贡献。2014 年 10 月,国务院印发的《国务院关于加快发展体育产业促进体育消费的若干意见》要求到 2025 年,体育产业总规模超过 5 万亿元。抓好潜力产业,以足球、篮球、排球三大球为切入点,加快发展普及性广、关注度高、市场空间大的集体项目,推动产业向纵深发展。针对发展相对滞后的足球项目,制定中长期发展规划和场地设施建设规划，大力推广校园足球和社会足球。

2014年1月21日，第十届中国足球协会会员大会在河北香河国家足球训练基地召开。推出《中国足球中长期规划发展纲要》（以下简称《纲要》）。会议强调：加强中国足协自身建设，深化协会管理制改革；加强青少年后备人才培养，推动校园足球，发挥职业俱乐部的作用。2014年10月20日，国务院发布了《国务院关于加快发展体育产业促进体育消费的若干意见》（以下简称《意见》）。这是在国家政策层面更为具体的足球指导行动方案，将对发展相对滞后的足球项目制定中长期发展规划和场地设施建设规划，大力推广校园足球和社会足球。在此千呼万唤的背景下，《中国足球改革发展总体方案》于2015年1月26日经国务院审议通过，报由中央深化改革领导小组进行审议。2015年2月27日，《中国足球改革发展总体方案》在中央全面深化改革领导小组第十次会议上审议通过。

该方案强调完善职业足球的重要性，要改革完善足球俱乐部制度：确立足球俱乐部的市场主体地位，按照现代企业制度要求和足球运动的特点，完善足球俱乐部公司制，完善内部人才使用和薪酬制度；鼓励多元资本投入和通过资本市场发展壮大足球俱乐部；改革足球赛事收益分配机制。这次会议是国家层面的最高规格会议，就中国足球而言，这次会议对中国足球发出最高指示，这对我国竞技足球的发展来说无疑是个利好消息。我们当以此为契机，制定符合实际的竞技足球发展战略，举全国之力发展我国竞技足球，实现我们的足球梦。

《中国足球改革发展总体方案》中提出的指导思想即发展战略方针是：以全面贯彻落实党的十八大和十八届二中、三中、四中全会精神，深入学习贯彻习近平总书记系列重要讲话精神，把足球改革发展作为建设体育强国的重要举措，坚持问题导向，改革创新体制，遵循足球发展规律，弘扬中华体育精神，加强思想作风和队伍建设，努力建立专业高效、系统完备、民主开放、运转灵活、法制健全、保障有力的体制机制，推动我国足球事业不断迈上新台阶。

《中国足球改革发展总体方案》中提出“三步走”战略，分为近期、中期和远期目标。近期目标是要理顺足球管理体制，制定足球中长期发展规划，创新中国特色足球管理模式。中期目标是要实现青少年足球人口大幅增加，职业联赛组织和竞赛水平达到亚洲一流，国家男足跻身亚洲前列，女足重返世界一流强队行列。远期目标是要使中国成功申办世界杯足球赛，男足打进世界杯、进入奥运会。

概括起来，《中国足球改革发展总体方案》中有以下要点：1. 中国推进足球改革与发展包括进一步改革足球管理体制，推行“政社分开、政企分开、管办分离”，加快推进体育行业协会与行政机关脱钩。对于足协的领导机构，《中国足球改革发展总体方案》明确规定中国足协将不设行政级别，由国务院体育行政部门代表、知名足球专业人士、社会人士和专家代表等组成，保证足协领导机构的专业化。2. 成立中国足球发展基金会，鼓励各类企事业单位、社会力量和个人捐赠。另外，每年在体育彩票新增公益金收入中安排一定资金，资助中国足球发展基金会，同时积极研究推进发行以中国足球职业联赛为竞猜对象的足球彩票。3. 建立具有独立社团法人资格的“职业联赛理事会”，负责组织和管理职业联赛，合理构建中超、中甲、中乙联赛体系。中国足球协会对理事会进行监管，派代表到理事会任职。理事会派代表到中国足球协会任职，参与有关问题的讨论和决策。4. 地方政府创造条件，引导一批优秀俱乐部相对稳定在足球基础好、足球发展代表性和示范性强的城市，避免俱乐部随投资者变更而在城市间频繁迁转、缺乏稳定依托的现象。5. 各地中小学要把足球列入体育课教学，加大学时比重。全国中小学校园足球特色学校在现有 5000 多所的基础上，2020 年内达到 2 万所，2025 年内达到 5 万所，其中开展女子足球的学校占一定比例。6. 把兴建足球场纳入城镇化和新农村建设总体规划，明确刚性要求，由各级政府组织实施。同时，推动学校足球场在课外时间低价或免费向社会开放，建立学校和社会对场地的共享机制。

随着《中国足球改革发展总体方案》的出台，中国足球产业未来4至5年内有望迎来中国足球改革井喷式发展。但足球产业的发展要争取大众的参与和支持，一定要和民间资本在一起，仅仅靠政府运营行不通。足球几乎是体育领域的"第一产业"，世界杯所拉动的消费可以与奥运会相媲美。深改组专门为一项运动来制定改革方案，这是非常罕见的，也说明了足球在所有运动中的地位。人民对于足球改革充满期待，应该说目前中国足球迎来了最好的发展机遇，中国足球将迎来黄金期。自上而下的力量是非常强大的，尤其是执行力方面，能调动各方面资源把足球搞好。以前，想搞足球的人受到很多限制，现在渠道就比较畅通了。

根据《中国足球改革发展总体方案》内容精神深化学校体育改革，培养全面发展的人才，把校园足球作为扩大足球人口规模、夯实足球人才根基、提高学生综合素质、促进青少年健康成长的基础性工程。各地中小学把足球列入体育课教学内容，重点扶持基础较好、积极性较高的中小学，以扶持特色带动普及。

二、天津市足球发展战略受中国足球发展战略的指引

（一）近期目标分析

2016年12月30日，天津市人民政府办公厅印发《天津市足球改革发展实施方案》，本方案是贯彻落实《中国足球改革发展总体方案》（国办发〔2015〕11号）和《中国足球中长期发展规划（2016—2050）》（发改社会〔2016〕780号）文件精神的抓手。旨在立足于天津足球发展的实际，学习国内外足球运动发达地区的经验，探索建立符合建设体育强市和足球运动全面发展要求的改革发展道路，全面实现足球的社会价值和功能。着眼于足球长远发展，解放思想，转变观念，处理好当前与长远、重点与一般

的关系,加强顶层设计,夯实足球发展的社会基础。坚持以问题为导向,突出解决影响足球发展的机制体制问题,坚持举国体制与市场机制结合,充分发挥市场机制作用,整合资源,激发活力,形成合力,创造足球发展环境。发展足球运动与全面健身相结合,以青少年足球发展为重点,实现大众足球与竞技足球互相促进,推动足球运动协调发展、全面进步,带动全民健身运动发展,增强人民体质。

学习国内外足球运动发达地区经验,探索建立符合建设体育强市和足球运动全面发展要求的足球改革发展道路,全面实现足球的社会价值和功能。着眼于足球长远发展。解放思想,转变观念,处理好当前与长远、重点与一般等关系,加强顶层设计,夯实足球发展社会基础。坚持以问题为导向。突出解决影响足球发展的机制体制问题,坚持举国体制与市场机制相结合,充分发挥市场机制作用,整合资源,激发活力,形成合力,创造足球发展良好环境。发展足球运动与推动全民健身相结合。以青少年足球发展为重点,实现大众足球与竞技足球互相促进,推动足球运动协调发展、全面进步,带动全民健身运动发展,增强人民体质。

近期目标(2016—2020年):稳步推进足球改革,改善足球发展环境和氛围,理顺足球管理体制,创新特色足球管理模式,形成足球事业与足球产业协调发展的格局。制定天津足球中长期发展规划。

中期目标(2021—2030年):足球发展形成良好氛围,整体水平显著提升。足球人口大幅增加。校园足球广泛开展,青少年足球形成体系,社会足球蓬勃发展,足球赛事形成体系,竞赛组织和竞赛水平显著提高。女子足球保持全国领先行列,青少年男子足球跻身全国一流,中超、中甲俱乐部水平实现较大突破。为国家队培养输送足球人才。

远期目标(2031—2050年):推动天津足球实现全面发展,足球成为群众普遍参与的体育运动,经常参加足球运动人口显著增加,全社会形成健康的足球文化,足球消费显著提升,足球培训、足球竞赛水平达到全国一流，积极申办全国及国际高水平足球赛事。青少年足球保持全国一流，职业足球俱乐部进入和保持强队行列。不断向国家队输送更多的优秀运动员。

（二）足球协会与职能的重新定位

按照政社分开、权责明确、依法自治的原则调整组建天津足球协会，改变足球协会与市体育局足球运动管理中心两块牌子、一套人马的组织架构。天津市足球运动协会与市体育局脱钩，在内部机构设置、工作计划制订、财务和薪酬管理、人事管理、国内外交流等方面拥有自主权。市体育局要加强对天津市足球运动协会的业务指导，在场地资源、技术支持、科学研究等方面充分挖掘利用政府公共体育资源、国有企业体育资源、市场化体育资源为天津市足球运动协会可持续发展提供相关保障。各区体育行政部门和行业主管部门，要为区足球运动协会、行业足球运动协会的工作创造必要条件。

天津市足球运动协会作为天津市足球运动领域社团法人，是具有权威性、公益性、专业性和广泛代表性的社会组织，承担足球领域的管理责任及所主办的足球赛事的安全主体责任。根据法律授权和天津市人民政府委托全权管理天津足球事务，是唯一代表天津市的中国足球运动协会团体会员。主要负责团结联系天津足球力量，制定足球运动发展规划，推广足球运动，培育足球人才，制定行业标准，发展完善竞赛体系，为主办的足球赛事运行提供安全保障，组建管理天津市足球队。

天津市足球运动协会不设行政级别，其领导机构由市级体育行政部门代表、地区及行业足球协会代表、足球职业俱乐部代表、知名足球专业人士、社会人士和专家代表组成。完善天津市足球运动协会内部治理结构、权力运行程序和工作规则，建立决策权、执行权、监督权既相互制约又相互协调的机制。天津市足球运动协会按照社团法人治理机制运行，实行财务公开，接受审计和监督。

区、行业参照天津市足球运动协会管理体系调整组建，按照天津市足球运动协会章程以会员名义加入天津市足球运动协会，接受天津市足球运动协会行业指导和管理。区、行业足球协会，承担本区、本行业的会员组织建设、竞赛、培训、各类足球活动开展、宣传等职责。努力形成覆盖全市、组织完备、管理高效、协作有力、适应现代足球管理运营需要的协会管理体系。

健全我市各级足球运动协会党的组织机构。按照党管干部原则和人才政策，加强协会思想政治工作和作风建设、党风廉洁建设以及日常管理。天津市足球运动协会设立党组织，由市体育局党委领导。

（三）校园足球发展规划

把发展青少年校园足球作为落实立德树人根本任务、培育和践行社会主义核心价值观的重要举措，作为推进素质教育、引领学校体育改革创新的重要突破口，充分发挥足球育人功能，遵循人才培养和足球发展规律，理顺管理体制，完善激励机制，优化发展环境，大力普及足球运动，培养健康足球文化，弘扬阳光向上的体育精神，促进青少年身心健康、体魄强健、全面发展，为提高青少年足球技术水平，培养足球后备人才提供有力支撑。

重点建设200所左右青少年校园足球特色学校，以点带面推动校园足球普及和提高。将足球列入各级各类学校体育课教学内容，积极探索多样化的足球教学模式，校园足球特色学校要适度加大体育课学时比重，每周至少安排一节足球课。鼓励组建女子足球队，吸引女生参加足球运动。增加高校高水平足球运动队数量。健全教育系统按学段接轨体育系统青少年足球和职业足球训练、竞赛、人才培养及人才输送机制。完善保险机制，提升校园足球安全保障水平，解除学生、家长和学校的后顾之忧。

实施校园足球教师培训工程，开展足球教师教学竞赛、经验交流和教研活动，提升足球教师教学实践能力和综合素养。制定校园足球兼职教师管理办法，鼓励专业能力强、思想作风好的足球教练员和裁判员及有足球特长的其他学科教师、退役足球运动员及志愿人员担任兼职足球教师。为具备相应教师资格的退役运动员转岗到中小学校担任足球教师创造条件。聘请国内外优秀足球教师或教练员到校园足球特色学校任教。

采取学校竞赛、四级联赛、训练营竞赛等多种方式，加快构建和完善校园足球竞赛体系。建立以学校为单位的大学、高中(含中职)、初中、小学四级校园足球联赛机制，实行赛事分级管理。组建各级各类学生足球代表队，以发现、选拔、培养青少年足球后备人才为重点，采取聘请国内外高水平教练进行集中培训的方式，利用周末、节假日、寒暑假时间，开展足球训练营活动。

(四)加强足球文化建设

完善中小学足球特长生招生考试政策，适度扩大足球特长生招生规模。把足球学习情况纳入学生档案，作为学生综合素质评价的参考。加强足球特长生文化课教学管理，促进足球特长生文化课学习与足球技能同步提高。

坚持以人为本，推动社会足球普及发展，加快扩大足球人口规模。充分发挥体育、教育、工会、共青团、妇联等部门的作用，形成各负其责、相互配合、相互支持、共同推进足球运动普及的工作环境。鼓励机关、事业单位、人民团体、部队和企业组建或联合组建足球队，开展丰富多彩的社会足球活动。积极推进市、区两级足球运动协会和业余足球俱乐部、基层足球活动站点建设，组建足球项目社会体育指导员队伍，从经费、场地、时间、竞赛、教练员指导等方面给予支持，引领社会足球健康发展。

全市各级各类足球运动协会，建立健全市级、区级、社区、乡镇和行业业余足球竞赛体系，并不断总结完善，使其固定化、经常化。竞赛活动要因地制宜，形式多样，吸引更多群众参与。以政府购买服务方式，对业余足球竞赛活动给予经费等方面扶持。

(五)拓宽足球人才培养渠道

拓展足球运动员成长渠道和空间,研究优秀运动员成长成才规律,建立适合天津实际的培育足球人才的体制机制。创新精英足球人才培养模式,构建校园足球与青少年精英足球人才培养相结合的衔接体系,探索校园足球特色学校和青少年足球训练基地相结合的青少年足球人才培养模式。区体育行政部门和区足球运动协会重点做好优秀足球苗子的跟踪培养,天津市体育运动学校重点办好足球班并逐步扩大招生规模,天津体育学院、天津体育职业学院成立足球系。支持帮助职业足球俱乐部做好职业球员梯队建设,鼓励足球俱乐部、企业、学校和其他社会力量选派职业球员、青少年球员到足球发达国家接受培训。研究制定优秀足球运动员培养奖励激励政策。

按照分级、分类管理的原则,构建市、区、行业、社会力量等多级、多元的培训组织机构,加强对足球教练员、裁判员和管理人员的培训。充分利用天津足球知名人士较多的优势,制定政策,发挥他们在校园足球、社会足球以及各类足球人才培养培训中的作用。聘请国内外高水平足球专家授课,全面提升足球专业人才的素质和工作水平。制定政策,为足球运动员再就业再发展搭建平台,鼓励支持退役足球运动员经过学习培训和考核,担任足球教练员、校园足球特色校专业足球教师、裁判员,或进入各级各类足球协会、足球俱乐部从事足球管理工作和服务工作。继续做好每年选聘 20 名退役足球运动员或高校足球专业毕业生,进入校园足球特色校、业余体校担任专业足球教师或教练员。

建立校园足球竞赛机制,构建校园足球的小学、初中、高中和高校四级联赛体系。到 2017 年底,形成以全市高校足球联赛为引领,全市高中联赛、初中联赛和各区小学联赛为主体的四级竞赛体系。推动机关、企业、社区、乡镇及社会俱乐部足球赛事,办好大众足球联赛,推动全民足球活动的开展,创立大众足球联赛等市民足球系列活动。以区、街镇、社区等为组织形式，开展丰富多彩的大众足球比赛、足球健身日（周）等系列活动。建立并完善青少年足球联赛、锦标赛、冠军赛，形成完整的青少年竞赛体系，并依据相关规定评定运动员技术等级。完善青少年足球竞赛奖励制度。在校园足球特色校建设符合要求的足球场地（小学5人制、初中7人制、高中11人制）。新建体育场应尽量建在学校内或者学校周边，有条件的可引进第三方进行社会化管理，保证体育场地资源与学校、社区共享。提高新建社区、学校、城市绿化中配套建设公共设施的要求和标准。

（六）推动职业足球进一步发展

积极创造条件，支持企业集团和社会力量创办职业足球俱乐部，并给予帮助扶持。不断提升津门虎足球俱乐部和女足俱乐部的管理及运动水平，形成稳定、良性、共促发展的职业足球环境。完善职业俱乐部法人治理结构，建立现代企业制度，立足长远，系统规划，支持俱乐部培养和引进高水平足球教练员、运动员，推动俱乐部形成合理的人才结构体系，帮助俱乐部做好后备梯队建设，促进可持续发展。

规范职业足球俱乐部管理，突出主体地位，充分发挥其在职业联赛中的重要作用。俱乐部应当注重自身建设，健全规章制度，加强自律管理，遵守行业规则，积极承担社会责任，接受社会监督。积极培育稳定的球迷文化和城市足球文化。

（七）加快建设标准足球场地

在天津市公共体育设施专项规划的指导下编制天津市足球场地建设规划（2016—2020年）。把兴建足球场纳入城镇化和新农村建设总体规划，明确刚性要求，由市和区县人民政府组织实施。到2020年，天津市包含小型运动场在内的各类足球场地达到每万人0.7块以上。

加强专业足球训练基地和足球场地建设与改造，提高现有场地设施利用率。建设天津市青少年足球训练中心；各区建有区体育系统或区足协管辖的2个标准足球场,有条件的区建设区级青少年足球训练中心;高等院校、高职院校至少建有1个标准足球场。

不断完善社区、乡镇等群众身边的足球活动场地设施建设。在公园、社区地块和空闲地带建立小型多样的5人制、7人制足球场,为市民创造更便捷地参与足球活动的条件。

在优先保证各级、各类正式比赛的前提下,制定公共足球场地、学校足球场地定时免费或有偿开放管理办法,为广大足球爱好者提供尽可能多的足球活动场所。

市和区县人民政府应当加大足球发展的投入,主要用于场地建设、校园足球、青少年足球、女子足球、天津市足球队的建设、教学科研等方面。体育、教育等部门在安排相关经费时应当对足球发展给予倾斜。

(八)加快足球市场开发

基金会作为非营利性法人,依法开展募捐、接受捐赠并资助足球公益活动。鼓励各类企事业单位、社会力量和个人捐赠,捐赠资金可依法在计算企业所得税、个人所得税应纳税所得额时扣除。基金会按章程管理运行,依照有关法规加强信息公开,接受社会监督。每年从市级体育彩票公益金中安排一定资金,用于支持青少年足球人才培养和足球公益活动。

加强足球产业开发,加大市场开发力度。积极探索实践足球社会化发展的渠道和路径,充分挖掘足球无形资产的巨大潜能,通过打造赛事品牌、开发足球附属产品、培育足球服务市场、足球产业与相关产业融合发展等,构建足球产业链,不断增加足球产业收益,多渠道筹集足球发展资金。天津市足球运动协会成立天津市足球发展公司,按照现代企业制度运作,使其逐步成为市场主体。鼓励社会力量投资发展足球,引导有实力的知名企业和个人投资职业足球俱乐部、赞助足球赛事和公益项目。

(九)加强天津市足球队的领导和管理

强化领导,加大支持和管理力度,打造技术精湛、作风顽强、能打硬仗的天津足球队,全面提升市级足球队水平。建立严格规范的教练及管理团队的遴选和考核评价机制,对教练团队和管理团队实行任期目标考核。

组建以足球青训梯队为主体,以完成全国运动会、全国青年运动会任务为主要目标的男足、女足各两个年龄段的天津市足球队,由市体育局负责组建,天津市足球运动协会负责队员选拔、教练班子配备、球队管理等工作。天津足球队应当作为培养精英足球人才和职业球员的重要渠道,不断完善青少年足球优秀人才选拔机制,注重提高教练员专项执教水平,提高运动员的文化知识水平和意志品质。对符合条件的优秀运动员,及时推荐进入天津市体育运动学校、天津体育学院和天津体育职业学院足球专业学习深造,为职业俱乐部和国家队储备人才。

加强对足球改革发展的政策研究和宏观指导。市教委要履行好校园足球主管责任。市有关方面应当各司其职、各负其责、各尽其力、协同配合,共同推动足球改革发展。市和区县人民政府要高度重视足球改革发展工作。把足球纳入重要工作日程和重要议事日程,解放思想、大胆探索、明确目标、狠抓落实、整合资源、统筹力量、结合实际、形成特色。各区体育行政部门要大力支持帮助当地足球协会的工作,推动本地区足球改革发展。

(十)加强足球行业作风和法治建设

加强足球领域的思想品德教育和职业道德教育,强化运动队精神作风和意志品质的锤炼,培养爱国奉献、坚忍不拔、团结拼搏的作风,努力形成激励天津足球发展振兴、有益于社会进步的精神力量。加强法治建设,完善相关法律法规和足球行业规范规则,打牢足球治理的制度基础,形成预防与惩处并重的足球法治教育体系、执法监督体系,建立公正透明的法治环境。宣传引导群众客观认识足球现状,理性对待成绩。创新足球宣传方式,强化足球舆论引导工作,齐心协力,凝聚共识。选择一批足球基础好、发展条件好、工作积极性高的地区和企事业单位,加强扶持和指导,总结推广足球改革发展的典型经验,以点带面,推动发展。按照相关规定,对发展足球运动做出突出贡献的单位和个人予以表彰和奖励。

三、天津市足球发展战略反思

(一)完成了天津足球管理体制初步转型

回顾十几年来的改革,尽管天津足球竞技水平还没有出现质的提高,但天津足球事业的发展,尤其是职业化改革完成了天津足球管理体制初步转型。

第一,足球协会拥有了独立社团法人资格,成为独立经营核算的实体,在经济来源上取消了完全由国家拨款的做法。同时各级体委权力下放,扩大协会自主权。这些做法不仅减轻国家财政的负担,也使得很多运作方式正朝着市场经济的方向发展,转变了工作职能,完善了工作制度,调动了积极性。

第二,足球运动告别了计划经济时代的专业队体制,开创了与社会主义市场经济相适应的俱乐部体制。各职业俱乐部依托市场,开始走了自我创造、自我生存、自我发展的道路。

第三,足球职业联赛的开展不仅促进了天津足球运动的发展,还开拓了广阔的足球市场足球产业也不断壮大并初具规模,足球市场体系初见端倪,职业联赛直接创造的年产值占全市生产总值的1.5%左右。

第四,职业化促进了天津竞技足球的对外交流,职业联赛吸引了大批较高水平的外籍教练员、运动员加入。同时,也促进了天津优秀足球运动员走出去进行对外交流。这种请进来、走出去的国际交流,对提高天津竞技足球水平,逐步实现质的突破创造了优越的条件。虽然天津足球在国内外重大赛事中的成绩还不是那么出色,但全社会关心足球、市政府支持足球、舆论关注足球、社会各界参与足球、群众喜爱足球。足球运动已成为天津社会生活乃至经济生活的组成部分。

(二)积累了一定的足球资源

党的十八大以来,习近平总书记站在中华民族伟大复兴的战略高度推动三大球振兴发展。足球作为世界第一运动,天津体育人充分认识到把三大球搞上去,重点和难点都在足球,必须把它作为一项系统工程,改革创新、协同推进、强基固本、久久为功。

天津足协在市体育局党组领导下,突出政治引领,夯实党建基础;推动完善各区足协职能建设,深入落实足球改革;稳步夯实青训基础,加强青少年足球精英人才培养,取得了一系列工作成果。连续七年组织天津市青少年足球百名"希望之星"评选工作,继续搭建青少年足球"五大赛事"平台,做好男子、女子青训中心,青训基地建设工作。组织举办女孩节,筹备举办市运会足球比赛,十城带百县助力乡村振兴活动,京津冀少年儿童"华夏未来杯"足球邀请赛等一系列赛事活动。扩大社会足球人口规模,打造社会足球联赛品牌。做好天津社会足球五大赛事、中国足协中冠联赛、五甲联赛相关工作;为天津足球发展给予支持的单位机构挂牌。做好运动员、俱乐部注册及教练员、裁判员、比赛监督等专业人才培训培养工作。

天津足球青少年赛事蓬勃开展。连续多年举办的天津市青少年足球五大联赛,吸引来自全市各区的学校、青训机构、青少年足球训练基地参加,为小球员搭建了相互学习、共同提高的赛事平台,形成具有天津特色的青少年足球赛事体系,在全国青少年赛事开展上处于领先地位。多年来累计参赛球队 4201 支,参赛人数 54153 人次,共进行 7104 场比赛。

天津足球"希望之星"人才辈出。2016 年以来,连续六年组织开展天津市青少年足球百名"希望之星"评选活动,通过五大青少年赛事举办,发掘优秀足球苗子,通过统一选拔评估,先后评选出 600 人次天津青少年足球"希望之星",依次为基础组建"希望之星"代表队,作为天津足球青训培养体系的优秀成果。

天津足球青训成绩突出。为扎实做好天津足球青少年后备人才培养工作，聘请塞尔维亚籍欧足联A级教练员和西班牙籍欧足联职业级教练员进入天津足球青训中心以及“希望之星”代表队进行执教，天津青少年足球水平显著提升。其中2019年，中国足球发展基金会“菁英杯”总决赛，天津青训足球俱乐部男子U9梯队勇夺全国总冠军；2021年“思齐杯”全国青少年足球精英挑战赛，天津足协青训中心男子U11代表队获得亚军、U10代表队获得第五名。展示了天津足球青训水平的日益提高与丰硕成果。

天津足球加强国内外交流合作。2017年至2019年期间，天津足球“希望之星”作为天津“一带一路”人文交流使者，先后出访西班牙3次，塞尔维亚2次，巴西1次。通过与足球先进国家青少年球员间的交流、学习、训练、比赛，近距离感受了足球先进理念的熏陶，开阔了足球发展的视野，获得了竞技能力的迅速提升。和西班牙足球学院、贝尔格莱德足球协会、巴西圣保罗州足球协会签订少年儿童足球交流合作协议，建立了国际体育交流和发展的纽带。

天津社会足球规模日益壮大。深入落实全民健身国家战略，大力开展天津社会足球赛事与活动。多年来，天津坚持开展以“超级联赛、甲级联赛、乙级联赛、足协杯赛、五人制联赛”组成的天津社会足球五大赛事，扩大天津社会足球人口规模，打造天津社会足球品牌赛事，同时推选天津优秀的社会足球队伍参加全国赛事，展现天津社会足球的发展成果。多年来累计参赛球队1122支，参赛人数24423人次，共进行2402场比赛。

天津足球专业人才辈出。按照中国足协关于教练员培训的工作要求，多年来天津共举办D级教练员培训班46期，培养出1104名D级教练员；C级教练员培训班16期，培养出288名C级教练员，总人数达到1392人，充实到我市各青训基地、青训俱乐部、学校中来，为培养天津市青少年足球后备人才贡献力量。共举办各级裁判员培训班二十余期，培养出国家一级、二级、三级裁判员共 1031 人次，为天津青少年、社会足球赛事执法提供有力保障。

（三）急功近利指导思想依旧存在

“政治足球”“出线足球”“政绩足球”是我国当前足球界普遍的现象。作为政府意志的代表，体育主管部门包括足球管理部门将主要精力放在国家级球队身上的做法也无可厚非。但是如果过分强调国家队的成绩而忽视梯队建设，忽视基层建设，甚至牺牲职业联赛的做法显然是急功近利的表现。现有的机制、体制下，与国家主管部门重视国家队对应的做法一致，天津市主管部门更重视全运会、城运会成绩。足球俱乐部也是将目光集中在一线队伍上，甚至不惜重金购买外籍球员，忽视后备人才的培养，对足球发展任务的定位“急功近利”和工作重点的选择出现偏差，导致国内联赛成绩并不是非常的优异。

急功近利的思想也导致天津市足球管理层对改革任务的艰巨性和长期性的认识不足，在实践中还不能建立一种理论来指导足球改革，更没有在管理办法上进行创新。因此，相比于天津市其他体育项目，足球的发展社会发展的同步契合度还不够。2016 年天津市印发《天津市足球改革实施方案》，对天津市足球的发展作出了详细的规划，但从天津足球的实际发展情况看，这个实施方案显然没有起到真正的纲领性作用，其科学性、可行性值得探讨。

（四）价值取向有一定偏驳

竞技体育发展的目标必须符合国家发展的目标，这是毫无疑问的。我国是以公有制为基础的社会主义国家，我国竞技体育的价值取向从根本上不能脱离社会经济发展以及人民不断增长的物质文化需要的满足。因此，我国竞技足球运动的发展同样不能脱离这样的价值取向。

讨论天津足球的发展问题，必须要充分认识和理解中国足球的大环境，足球运动对我国目前社会的价值所在，要树立一个正确的价值观。说白了，就是一个简单的问题，国家和社会为什么要投入那么多的金钱来搞竞技足球呢？看似一个简单的问题，但会有各种不同的答案。尤其现代竞技足球运动已经高度的职业化、产业化、商业化、国际化。不同的利益主体都会有自己的价值追求。

在高度职业的现代竞技足球中存在着球迷、投资者、政府等不同的利益主体，这些利益主体有关心好看不好看的、有关心赚不赚钱的，还有关心争不争光的，抑或也有关心其中不止一个什么的。这些都是构成竞技足球价值取向的因素。

在欧洲的足球发达国家基本上都建立了职业足球联盟。各个职业足球联盟都把能否满足观众的需要作为最大的目标，即把观众的价值评价当作第一评价标准。而且，观众直接用消费行动来表现他们的评价。所以，职业足球俱乐部要想生存并获得盈利，就必须为观众提供精彩的比赛，同时还要降低经营管理的成本。于是，出资者赚不赚钱是第二评价标准，争不争光是第三标准。这种组合构成了西方国家职业体育的价值取向。西方这种价值取向的选择有利于激励运动员，刻苦训练、提高技术水平。因此它与投资者盈利以及国家为国争光的目标并不矛盾。实质上，在这种价值取向下，国家是最大的受益者，它可以以最低的成本实现自己的目标。

而我国当前天津竞技足球的管理部门——中国足协，是作为政府机构的延伸，它要谋求实现政府对体育的利益诉求，在足球事业发展中是以政府的价值目标作为第一目标，即为天津市争得荣誉。这显然与俱乐部追求盈利的目标不同，甚至有时是相互矛盾的。由于不同利益主体的价值取向不同，同时在出现冲突时，不同主体间的权力又不对称，所以把握行政管理权的一方面，往往在关键时刻动用行政权力改变现状。这也导致了近几年在天津竞技足球领域出现的一些让人看不懂的奇怪现象。即为竞技足球之根本的职业联赛必须为国家队出线让路，使得联赛成为摆设。由此看出协会的目标和俱乐部目标不一致时，俱乐部利益往往受损，这样下去就会造成俱乐部参与职业体育的积极性降低。

（五）足协的双重身份导致“权、责”不清

天津足球在改革过程中产生了两种不同性质的体制，即计划经济体制和市场经济体制。市场经济体制下已经基本形成了市场化的雏形，俱乐部的运作基本按照市场规律进行。但作为行业管理机构的足协却仍然以计划经济的模式进行管理。因此，在运作过程中产生了大量难以调和的矛盾，严重阻碍了天津足球改革的纵深发展。天津足球在管理中出现“权”“责”不明确的根源就在于足球管理部门的性质模糊。

天津足协和足球管理中心是一套人马、两块牌子，它具有双重身份——既是事业单位行使行政管理职能，又具有经济实体上的性质，进行市场经营活动；既是“办”足球的业务部门，又是“管”足球的行政管理部门。足球管理中心在很大限度上成了新的政府官僚机构的一部分，无法从根本上突破计划经济下的体育管理模式，解决对政府过分依赖的实际问题。这个集事业、企业和政府三种职能于一身的“渐进式改革”的过渡性产物，还没有建立起现代产权制度的意识，还没有厘清足协和投资人之间的关系，以至于分歧日益尖锐。从这里我们可以看出在管理职能上并没有实现根本的转变，仍以行政管理为主管理，权力过大、管理范围过广不能处理好宏观和微观的关系问题，企业缺乏自主权。但在责的问题上足协则没有保证职业足球俱乐部的经营与发展。

天津足协对联赛的管理主要行使的是授权行政管理，它本身也是行政授权的产物，最终在很大限度上控制了职业联赛的运营和管理权。但它的目的不应是控制联赛而应促使联赛运行更有效益，更重要的是如何更有利于提高联赛效率。常识与经验告诉我们在超经济条件的限制下经济实体运行一般缺乏效率和效益。相反，在相对宽松的条件下，投资者由于有自身利益约束，也会慎重行事，这就必然要求行政权力的延伸度不能太深。

第二节　天津市篮球发展战略回顾与思考

一、中国篮球发展战略历史回顾

对于底蕴深厚的中国篮球来说，只要敢于直面问题，重回世界强队行列应该是大有希望的。决定竞技篮球发展的两个重要基础条件是经济和人才。从经济基础看，现如今我国经济稳定快速发展，经济总量已跃居世界第二。从人才基础看，我国拥有世界上最多的人口且篮球运动深受广大群众喜爱，有着广泛的群众基础。这说明我国有着竞技篮球发展的良好的基本条件。那么，其竞技水平为何上不去呢？中国竞技篮球发展停滞的问题及原因在哪里？

篮球运动的发展与任何其他事物发展的客观规律一样，愈是向前发展，就愈发呈现出复杂多变而难以把握的局面。因此，中国竞技篮球发展的指导者们，必须具备统领全局的本领、高超的战略洞察力和战略指导能力。所谓战略是为达到统领全局的奋斗目标而根据事物本身的内在规律所作的谋划与规划。自古不谋万世者，不足谋一时；不谋全局者，不足谋一域。在篮球运动飞速发展的时代，唯有重视篮球发展战略才能先预后立，后发先至。我国竞技篮球目前整体滑坡有多种原因，但不够重视篮球发展战略或战略定位不准确是首要原因。中国篮协对目前亚洲篮球运动的发展变化没有引起足够的重视，自身定位不准确，片面认为我国男女篮在亚洲还有一定优势，思想麻痹大意，缺乏居安思危的意识。

表 2 中国篮球发展战略定位与历史回顾

时间	指导思想与方针	目标与任务	技战风格
1950—1960 年	积极、主动、快速	提高运动水平	跳投、快攻、紧逼防守
1960—1970 年	以我为主、以攻为主、以快为主、积极防守	赶上国际强队成绩	以投篮为纲,发扬狠、快、准、灵
1970—1980 年	从严、从难、从实战出发,大运动量训练	在 4—5 年或 6—7 年内达到世界先进水平	坚持跳投、快攻、全场紧逼
1980—1990 年	以小打大、以快制高、以巧胜大	向世界先进水平进军、夺取世界冠军;女篮先上、男篮紧跟	积极、主动、快速、灵活、全面、准确
1990—2000 年	以防守为主、以小打大	走向世界	快速、灵活、全面、准确
2000—2010 年	以我为主、内外结合,以快为主、快慢结合	形成高水平篮球竞赛体系,努力攀登世界篮球技术高峰,全面提高训练与竞赛水平	快、灵、准、防、狠
2010—2020 年	全面创新、百花齐放	亚洲保持霸主地位、向世界高水平球队看齐	以快制快、以强制强、无惧对抗
2020 年至今	以世界先进篮球技战术为方向	奥运会男篮进入 8 强、女篮进入四强、争取夺牌	内外结合、攻守兼备

表 2 对我国竞技篮球发展战略历程的指导思想、目标、重点、阶段及对策等多方面进行了一个清晰的统计,只有深刻了解过去,才能准确分析现状和规划未来。通过查阅大量文献资料,中华人民共和国成立以来我国竞技篮球发展历程的各个时期中,国家相关部门及专家在全国篮球训练工作会议上或在国家层面的篮球训练工作规划中,多次提出竞技篮球发展的指导思想、发展目标与技战术风格,大体可分为初步形成、停滞盲目、继承发展、矛盾混乱等几个时期。

(一)实践探索阶段

1949年中华人民共和国建立,在党和政府的大力支持下,我国体育事业得到了迅速发展,人民群众的体质健康状况有了明显改善。到1955年,各省、自治区、市、各大企业、各大军区相继组队开始专业训练。为了解决专业队运动员训练工作中的问题,于1955年3月21—31日在天津召开运动员训练工作会议。会议由李梦华(时任运动竞赛司司长)在总结发言时谈到五个方面的问题:

(1)明确训练目的。训练目的就是提高我国体育运动水平,不断创新纪录。一方面是为了国际竞赛中争取胜利,提高我国在国际上的威望。另一方面是从提高的角度来推动国内群众性体育运动的发展。

(2)规定训练内容。即身体全面发展,技术、战术和道德意志品质的培养是训练的重要内容。

(3)制订训练计划。在此之前,我国的训练工作是没有计划的,很大限度上影响了训练任务的完成。按照前苏联的先进经验,制订全年训练计划,遵循周期性原则,不同阶段有不同的任务和要求。

(4)加强管理工作。要求相关领导要懂业务,对运动员加强思想教育和训练方法的指导。

(5)提出战术指导思想。这次会议提出了我国竞技篮球战术指导思想是"积极、主动、快速"。

这对当时篮球运动提出了带有方向性的问题,为我国现代篮球训练理论奠定了理论基础。

这一阶段篮球工作的重点是"学习、实践、探索、总结",是我国现代篮球运动发展的第一个里程碑。

(二)风格形成阶段

(1)1958年全国篮球教练员座谈会。会上根据全国体育工作会议提出训练工作必须反对保守思想,必须进行大运动量和全面身体训练"的精神，对训练工作提出了如下要求：加强全面技术和弱手训练；加强篮板球技术和战术训练，进一步加强防守训练；继续提高中、远距离投篮命中率。

这段时间与欧洲国家的篮球交往频繁，特别是东欧国家。通过交往，我们看到与欧洲运动员相比，我国运动员具有“弹跳好、速度快、灵活性好”的优势，同时也存在“力量差、防守弱”的问题。

(2)1959年召开了全国篮球工作会议。我国篮球界专家提出了“积极主动、快速、灵活、准确”的技术风格，还加强了“跳投、快攻、紧逼防守”等技术和战术的运用。在篮球训练工作中，专门对提高中、远距离投篮命中率、加强中锋训练和提高战术质量提出了要求。这一年是我国篮球运动飞速发展的一年。

(3)1960年在沈阳召开了全国甲级队和教练员座谈会。会上，针对当前在训练中只重视战术训练，不重视技术训练的倾向以及思想作风中存在的问题，对今后的训练原则、方法交换了意见。要求坚决贯彻以政治为统帅、思想教育与作风培养、身体训练和技战术训练全面结合的训练原则，提出：明确全面训练的具体内容及其相互之间的关系；把政治思想工作永远放在首位，大抓和狠抓基本技术训练——基本技术训练是战术训练的基础；基本技术训练应该贯彻“全面、实用、准确、熟练”的原则。还提出了“国内练兵，一致对外”；加强科研工作；建立和健全计划、大纲、教案、考核和训练日记等管理制度。

通过五年的实践和探索初步形成了我国篮球的战术指导思想和技术风格。并证明了“必须进行大运动量和全面身体训练”的精神是正确的。这段时间形成不同流派和风格，建立了我国篮球运动竞赛管理制度法规，繁荣了篮球理论和学术研究，从理论上探讨篮球运动规律，对形成竞技篮球训练理论体系有着积极的促进作用。

(三)继承发展阶段

(1)1961年全国篮球教练员座谈会。本次会议主要分析了当时我国篮球运动的发展形势,提出了任务。指出1959年是我国篮球运动的转折点。这一年我国篮球水平进入了国际前列,但是与美国和苏联国家队相比还有一定距离,要求在大跃进的基础上,进一步巩固、发展、提高,使我国篮球运动水平由前列到尖端,这是今后工作努力的方向。

在篮球运动中贯彻“百花齐放,百家争鸣”的方针。在篮球运动中要扶持各种类型的流派、风格,各种观点的自由争论;在风格上必须继承和发扬“积极、主动、快速、灵活、准确”的技术风格,坚持“以大打小”。关于身体、基本技术和特长训练问题提出了一些意见,并探讨了篮球运动训练中的一些规律性问题。

(2)1962年11月全国篮球教练员座谈会。这次会议交流了训练工作经验,讨论研究了身体训练、技术训练和认真总结经验的问题等。身体训练:加强训练强度、继续发展速度和速度耐力、加强弹跳力训练、加强灵活性训练、改进身体训练方法。技术训练:总的要求是快速、灵巧、准确。战术训练:在快速移动中进行配合,这是今后的发展方向,是“以小打大”行之有效的方法。

(3)第一次篮球训练工作会议。1964年召开了第一次篮球训练工作会议,本次会议着重对当前我国篮球运动的形势和存在的问题做了分析,从目前的世界一般水平(世界第十名左右)在四五年或六七年内达到世界先进水平。要完成这一任务必须做好下列工作:大力开展群众性篮球运动,特别是少年篮球运动,认真抓好业余训练;加强政治思想工作,使篮球队伍革命化;科学地对优秀运动员进行训练;提高篮球教员水平;器材的生产和供应;加强对国际篮球运动情况了解,认真地开展科学化研究。

(4)1965年全国篮球教练员座谈会。会上,针对篮球运动处于严重落后状态,普遍认为继承和发展不够,盲目向欧洲学。根据这一现状,与会专家一致认为：为使我国篮球走向世界，必须扶持各种类型的风格和各种流派的打法，反对模仿别人。要发展自己的独特风格，要继续研究“以小打大”的问题。

就技术、战术而言，当时中国式的“跳投、快攻、全场紧逼”已经成为中国队在国际交往中频繁战胜世界强队的攻守三大法宝。

（5）三大球训练工作会议。1972 年举行了全国五项球类运动会，同年底在北京召开了篮、排、足三大球训练工作会议。这次会议上制定了《篮、排、足球训练工作 4 年（1973—1976 年）规划》（以下简称《规划》）。该《规划》对篮球提出的指标是：1973—1974 年国家男篮亚洲第一名，进入世界前十名或达到相应的水平；女篮亚洲第一名，进入世界前五名或达到相应水平。1975—1976 年，国家男篮进入世界前八名或达到相应水平；女篮进入世界前三名或达到相应水平。《规划》要求全国有 6 支左右的队伍，1976 年接近国际水平。全国多数省、自治区、直辖市队在 1976 年达到亚洲水平。

《规划》对关于加强对篮球工作的领导和健全与整顿篮球协会组织，国家男女队的组建，教练员的配备和地方设一、二线队伍，集训青年运动员，运动训练、竞赛裁判及科研工作等都做了具体规划。会议提出了“积极主动、勇猛顽强、快速灵活、全面准确”的技术风格，被称为“十六字方针”，也就是训练指导思想。

这次会议制定的《规划》目标明确，措施有力，但对指标要求过高。这主要是对当时国际篮球运动发展的动态缺乏了解所造成的。尽管如此，从 1972 年起，中国的现代篮球运动呈现出逐渐恢复的景象。各类全国性篮球比赛在全国范围内开始展开，如全国五项球类运动会篮球比赛、全国篮球分区赛、全国篮球联赛、解放军第三届运动会篮球比赛等。

1978 年在天津组织了全国篮球教练员观看第 8 届世界男子篮球锦标赛录像电影，并召开了座谈会。大家一致认为：巴西男篮是我国男子篮球今后发展方向。

(6)第二次篮球训练工作会议。1981年12月底中国篮协在杭州召开了全国篮球工作会议。这次会议回顾了世界篮球运动的发展和我国篮球运动所走过的历程,认真总结了经验。通过讨论,统一了认识,提出了奋斗目标,中国篮球要向世界先进水平进军,夺取世界冠军。根据我国运动员自己的特点,走自己技术发展道路,提出了“女篮先上,男篮紧跟”。有了统一的指导思想,“以小打大、以快制高、以巧胜大”。发扬中国运动员快速、灵活的特点和优势。要建立最强的国家队,作为突击力量。学习女排的拼搏精神和爱国主义精神,增强信心,鼓起了勇气和干劲。篮球要上去需要各方面的支持,篮球界要团结一致,共同努力,一起拼命干。训练的指导思想是立足一个“苦”字。苦练,苦钻,科学地、扎扎实实进行“三从一大”的训练。为贯彻“以小打大”的方针,在技术训练中必须处理好“内线与外线、进攻与防守、大个队员与小个队员、地面技术与空间技术、准确与灵活”五个关系。必须狠抓基本功训练;重点抓好青少年和高大队员的训练。发挥篮球协会的作用。篮协由原来的主要对外向今后加强对内的业务指导。会议提出了“冲出亚洲、走向世界、勇攀高峰、为国争光”的我国篮球发展目标。要求“国内练兵,一致对外”,“坚持、积极、主动、快速、灵活、全面、准确”的技、战术发展的指导思想。深挖运动员潜力,努力提高技巧,在“快、灵、准”方面有新的发展,才能改变我国篮球运动的面貌,才能跻身于世界行列。

(7)第三次篮球训练工作会议。1985年8月5—10日在沈阳召开了全国篮球训练工作会议。本次会议经过讨论,在主要问题上基本统一了认识:国家男、女篮球队是向世界先进水平进军的突击力量,是全国篮球队的榜样,应集中力量把国家队的水平搞上去。要发扬中国运动员快、灵、准的特点,加强对抗能力,坚持“以小打大”。快、灵、准是技术风格的反映,“以小打大”既是技术风格,又是战略思想。篮球要搞上去要靠篮球界团结一致，要有勇于开拓、创新和牺牲精神，共同努力。这次会议是杭州会议的继续和发展。方向明确、务实、任务具体，措施有力，是推动我国篮球运动前景和发展的继往开来的会议。

在以上各个时期所提出的“训练指导思想、发展目标以及技战术风格”的指导下，经过刻苦训练和顽强拼搏，国家男女篮球队不但经常取得亚洲比赛的冠军，国家男篮还取得了世锦赛的第8名和奥运会的第9名，国家女篮分别取得了奥运会和世锦赛的第2名，在运动技术水平和运动成绩上实现了历史性的突破。同时，在训练方法、手段和理论研究上，以科学训练的理论为指导，丰富发展了我国现代篮球运动训练理论。因此，这个阶段的各个时期所提出的“训练指导思想和技战术风格”对中国竞技篮球的发展起到了推波助澜的作用，这个阶段是中国篮球运动发展的辉煌时期。

（四）职业化阶段

20世纪90年代初期，由于“奥运战略”和“全运会金牌战略”的驱动，各省市为了集中有限的人力、物力、财力，重点扶持自己的优势项目，将像篮球、足球、排球这样的投入多、产出少的集体性项目砍掉或减少经费、解散队伍，致使在我国具有广泛群众基础的篮球运动受到了冲击，此时的中国篮球可以说是危机四伏，后备力量严重不足，国家队青黄不接，省市球队人心涣散，打法无创新，观赏性下降，赛场观众流失，专业篮球队严重萎缩，极大地影响了我国篮球运动的发展。进入20世纪90年代以后，中国篮球随着改革开放的深化，为再创辉煌提供了良好的社会环境和机遇，它摆脱了过去几十年计划经济体制下形成的传统观念和原有管理体制、运行机制的束缚。坚持改革，以市场为导向，以社会文化需求为依托，逐渐进行篮球运动管理体制的改革。

1992年10月份举行的党的十四大，明确提出了我国经济体制改革的目标是建立社会主义市场经济体制。明确提出了建立社会主义市场经济的理论,为进一步深化体制改革提供了政治和经济条件。体育界也开始了一轮新的、更为深刻、更加广泛的改革。原国家体委根据十四大的精神,于1993年制定并下发了《关于深化体育改革的意见》和一些列配套文件,即《关于运动项目管理实施协会制的若干意见》《关于训练体制改革》《关于群众体育改革》《关于培育体育市场加速体育产业进程的意见》。文件中明确提出体育改革的总目标,即改革现有的体育体制和运行机制,逐步实现由计划经济体制下的体育体制向社会主义市场经济体制的转变,逐步建立起符合现代体育运动发展规律,国家调控,依托社会,自我发展,充满生机与活力的体育体制和良性循环机制。在这种历史潮流驱动下,中国足球于1994年率先步入职业化,并取得了初步的成效。足球运动体制的改革的初步成功推动了篮球运动向职业化、市场化和社会化体制改革的进程。中国篮协决定以篮球竞赛制度为突破口,实施了新的改革措施。原国家体育运动委员会运动训练二司、中国篮球协会于1994年底宣布:从1995年开始,全国甲级联赛将采用主客场和跨年度的新赛制,跨出了中国篮球职业化的第一步。把篮球职业化作为解决我国篮球快速发展的重要手段和举措。

为了进一步适应体育改革发展趋势,于1997年成立了事业型的篮球运动管理中心。新成立的篮管中心重新制定了从上而下的篮球竞赛制度、训练体制以及培养竞技后备人才、教练人才、裁判人才的网络性、长期性计划和规划,还相应采取了建立各种运行、管理机制的一系列举措。

篮球运动管理中心为了探索适应社会主义市场经济的新体制和运行机制,寻找适合我国国情的篮球发展道路,走出低谷,重现辉煌,在中国职业篮球经过5年赛季的时候,于1999年4月在上海召开了全国篮球工作会议。在这次会议上,颁布了《中国篮球事业2010年发展规划(讨论稿)》,该《规划》瞄准21世纪前10年中国篮球的发展,确立了目标,制订了措施。

该《规划》从三个部分进行了论述：

第一部分，指出了我国篮球工作今后十年的发展方向和思路。

发展方向："坚定不移地继续推进篮球改革，基本建立起适应社会主义市场经济体制、符合现代篮球运动发展规律，具有社会化、产业化性质的篮球管理体制，形成依托社会、自我发展、良性循环的运行机制，为我国篮球事业更好、更快发展提供体制保障。"

改革思路："进一步搞活篮球竞赛，形成完善的竞赛体系。"

发展目标："全面提高篮球训练水平，努力攀登世界篮球运动技术水平高峰，女篮要尽快走出低谷，力争达到历史最好成绩：男篮继续保持亚洲领先地位，在世界大赛中争取有新的突破。建立起新的、多种形式、多种渠道相结合、层层衔接的训练体系，形成冲击世界篮球先进水平的基本队伍和梯队。提高训练科学化水平，扩大国际交往，提高运动员、教练员队伍的思想文化素质，培养出一批具有世界水平的优秀运动员、教练员。"

第二部分，实现发展方向的主要思路。

在邓小平理论的指导下，贯彻党中央"三讲"教育精神，按照国家2010年社会经济发展远景目标和中国体育改革与发展纲要的总体要求，"进一步解放思想，转变观念，抓住机遇，深化改革，打好基础，持续发展。"

第三部分，今后十年篮球工作的目标和措施。

健全篮球协会组织网络，充分发挥各级篮协协作。

加速篮球俱乐部的建设与发展，继续推进篮球职业化改革，逐步建立职业篮球相对独立的经营管理体制，形成职业篮球与非职业篮球相互衔接、互相促进、各走一径、共同发展的格局。

强化管理，狠抓训练，走出低谷，提高我国篮球运动技术水平。大力培育和开发篮球市场。

(五)进入新时代至今

篮球发展距离人民的期盼与世界先进水平仍有不小差距,篮球是我国三大球中基础最好、综合实力最强的运动项目,具有广泛的群众基础、市场基础和较高的竞技运动水平,深受广大群众特别是青少年的喜爱。但是对标世界篮球运动发展强国,当前我国篮球运动发展仍然存在一些亟待解决的问题,主要是:抢抓机遇、创新发展的意识不强,对篮球价值和发展规律认识不足;体制机制不健全,调动社会资源和吸纳市场力量推动篮球发展的渠道和机制不畅;国家队水平长期徘徊,重大赛事的参赛成绩不尽如人意;体教结合存在制度性障碍,多渠道、多层次的后备人才培养体系不健全,高水平后备人才严重缺乏;篮球产业链和生态圈建设滞后,篮球产业的巨大发展潜力未能得到充分发掘;行业法治化、制度化、专业化水平偏低,篮球文化建设滞后,人才和科技短板凸显等。上述问题的存在,制约了篮球运动的更好更快发展,是造成我国篮球发展水平与世界先进水平存在差距的重要原因。

中国篮球协会要勇于担当,切实围绕国家队建设、中国职业篮球联赛改革、青少年及社会篮球发展等重点工作,系统谋划,扎实推进。在创新体制机制方面,要完善协会内部管理架构,明确职能,健全机构,逐步建立体制完善、结构合理、职责明确、规章健全、监管完善的协会制管理体制,形成协会依法自主管理、科学民主决策的新机制。要加强地方和行业协会建设,研究制定支持地方和行业协会实体化运作的具体办法。要以竞赛和专业人才建设为抓手,加强标准化和规范化建设,健全监督、执法和仲裁机制,加强运动队、俱乐部、从业人员诚信守则自律,严肃赛风赛纪,依法严厉查处各类违法犯罪行为。在提高篮球运动竞技水平方面,要以奥运备战为龙头,全力做好国家队建设。充分发挥举国体制的制度优势,调动一切可以调动的力量支持国家队建设,明确各省市体育局、地方协会、职业俱乐部和重点高校支持国家队建设的责任,适度扩大国家队组建范围,健全多层次国家队体系。在普及和推广篮球运动方面,要牢牢抓住体教融合、体卫融合和乡村振兴的战略机遇,扎实推进篮球运动进学校、进社区、进乡村,广泛开展各类群众性篮球赛事活动。

二、天津市篮球发展战略受中国篮球发展战略的指引

篮球运动自1891年诞生,1895年传入中国天津后,至今已有百余年的发展历史。其间经历了旧中国篮球运动的推广传播(1895—1948年)、新中国篮球运动的动荡起伏(1949—1994年)、市场经济与举国体制相结合(1995—2008年)及“后奥运时代”篮球运动的发展(2008年至今)。以我国篮球运动各个阶段发展历程为背景,天津篮球运动在百余年的发展历程中,也经历了从初创到发展的过程。伴随着市场经济体制转轨、管理模式变革,天津篮球运动的“组织管理、竞技水平、人才培养”模式等也发生了一系列的变化,并产生了一系列的问题。深刻剖析问题原因,将对科学制定天津篮球运动发展规划产生重要影响。

(一)从宏观上探寻管理新方式

以现代化管理模式,增强天津市篮球运动软实力。当前,天津社会事业发展不断呈现新面貌,城市发展软实力日渐突出。天津篮球运动的发展亦可效仿于此,在政府政策支持和俱乐部注资的联合推动下,加大管理力度,增强篮球文化与城市发展的共鸣,拓宽篮球竞技运动与群众体育之间的交流,以篮球运动的感召力提升城市凝聚力,最终达到相互促进、和谐发展。

(二)将发展形势与过去的成功经验相结合

体育事业发展不是独立个体,应与社会事业联动发展。天津市篮球运动发展之初即与学校开展和社会响应密不可分。总结过去的成功经验,结合现在的发展形势,通过资源共享与互动,将天津市篮球运动的竞赛市场与体育强市、丰富和提升学校综合教育实力相结合,在促进和谐校

园建设与全民健身事业发展的同时,增加篮球运动的受众面和影响力。

(三)进一步加强各区独立发展

天津市目前的行政区划共包括16个区,篮球运动的发展规划亦可按照市内、环城、滨海新区、远郊这样来分块发展。各区按照自己的发展方式拟定各自的篮球运动发展纲要,各区定期举办分年龄段、分水平、分规模的篮球赛事,充分利用比赛的循环优势,最终将各区各类比赛的优秀队伍整合在一起,进行全市循环赛,从而达到提高水平、选拔人才的目的。

(四)以赛代练提高竞技水平

实践证明,“以赛代练”对于提高运动员竞技水平具有较好的效果。天津市篮球运动的发展也可以从中吸取积极经验。队员们每年在非比赛周期内,应练战结合,保证一定的比赛数量,使球员竞技状态保持在较高的水平上。

(五)各级竞赛不断增多

充分发挥竞技体育举国体制优势,全力以赴实施奥运和全运战略,注重梯队建设,每年组织全市的青少年篮球锦标赛,举办篮球冬(夏)令营,从全国吸纳符合注册规定的篮球幼苗,在后备人才培养上耐得寂寞、舍得时间、合理投入,瞄准全运会的周期目标,在整体打造上下功夫,形成了符合天津实际的青训体系,巩固和扩大篮球优势队伍,提高篮球项目的整体实力。自第十二届全国运动会开始,天津篮球均有队伍闯入决赛。天津女篮曾在20世纪80年代参加过全国甲级和乙级联赛,虽然后来天津女篮退出了全国联赛,但天津女篮参加国内顶级联赛的愿望和决心一直没有改变和动摇。2015年,天津冠岚女子篮球俱乐部成立,天津财大女篮代表天津女篮参加了第十三届全国运动会。后经局党组的多方协调帮助,天津女篮在中断近30年后得以重建,于2018年重返国内顶级联赛(WCBA)。

以CBA、WCBA两大职业联赛为引领，推动职业联赛发展，通过聘请国内外高水平教练员，加强教练员队伍建设，全面提升业务能力和综合素质，创新训练理念和方法，提高训练和管理的科学化水平。在引援方面，通过引进国内优秀运动员、聘请外援，借助优秀运动员带动本土球员技战术能力，提高男、女篮的整体实力，促进全队成绩再上一个台阶。

（六）青少年后备人才基础不断夯实

始终把完善青少年体育公共服务体系、普及青少年篮球运动发展，提升青少年身体素质，提高篮球竞技运动水平，培养更多高水平篮球运动后备人才作为己任，不断推进天津篮球健康、协调、可持续发展。

指导各级体育运动学校、业余体育训练学校、体育传统项目学校、青少年体育俱乐部加强队伍建设，重点抓好篮球教练员、指导员师资力量继续教育和培训，做好后备人才基地建设。

以竞赛为主要契机和抓手，鼓励社会力量多渠道资金融入，组织和举办具有一定规模和影响力的青少年篮球赛事，激发各区参赛热情。自2018年至今，青少年篮球赛事共举办2340场，参赛队伍863支。

加大对青少年俱乐部监督管理，提供并给予政策和人才支持。打破传统竞赛参赛壁垒和运动员参赛注册制固有模式，放宽参赛条件，鼓励和动员更多青少年篮球俱乐部队伍参赛，为青少年篮球人才培养奠定扎实基础。

开展篮球线上教育和基本技术现场教学，进一步提高篮球教练员和指导员的篮球技术和科学规范化管理水平。通过创新发展青少年篮球训练营活动，使我市青少年篮球素养普遍提高，因地制宜开展篮球专项基本技术、专项素质测试，根据实际出台切实可行的竞赛办法，延长赛程、增加赛事、低年龄组别，倡导和鼓励篮球从低年龄娃娃抓起，掌握篮球基本理念和技术。

(七)群众运动不断普及

搭建、创办各级各类群众性篮球活动,配套校园篮球、夜市经济、市民联赛等平台,吸引广大人民群众参与篮球运动,使篮球运动成为增强人民体质、促进体育产业发展的必要项目。

通过打造一系列精品赛事,广泛宣传提升知名度,扩大参与范围,吸引广大篮球爱好者积极参与。目前天津业余篮球联赛已连续举办七届,在市民中影响力颇大,在第十四届全国运动会群众组比赛中夺得亚军,实现历史性的突破。

天津篮球在办赛理念上也发生着变化,个别赛事采用分区制进行,实现赛事活动全市覆盖。同时,增设不同年龄段、不同性别及其他竞赛形式,极大地丰富赛事活动内容,提高参与热情,也增进区域间篮球文化交流。

为了确保赛事公平公正地进行,篮球裁判员队伍的建设也日趋完善。定期举办篮球裁判员培训,无论从数量,还是质量全面升级,为本市篮球运动保驾护航,为全国输送优秀专业人才。同时,组建专业竞赛组织团队,满足在津开展的各级各类篮球赛事活动需求。

积极加强与周边省市联络与合作,形成各种形式的赛事、活动、论坛等交流活动,促进篮球体育文化交流,营造浓郁的篮球运动氛围,对区域间篮球文化交流进行了探索和尝试,与北京篮协、河北篮协创办京津冀三地篮球赛,设立三地篮球文化论坛,极大地促进了三地篮球体育产业、群众篮球的交流,互补优势资源,共同发展。

三、天津市篮球发展战略思考

(一)整体形势还面临挑战

新中国成立后,包括篮球运动委员会、篮球运动工作委员会、中华体育总会天津市分会、体育运动委员会等,积极举办天津市各项篮球比赛,推动天津篮球运动发展。1959 年，天津市被划归为河北省省辖市，篮球运动发展的组织管理划入河北省，相对来说，受重视程度降低。而在 1966 年，天津市又从河北省划分出来，成为直辖市。几次易地与拆分，天津市篮球运动的发展受到严重影响，加之“文化大革命”，作为首都门户的天津市，各项事业发展遭受阻碍。祸不单行，之后的唐山大地震，让天津市更无暇顾及篮球运动发展，虽然之后天津市积极恢复篮球运动协会，采用了高等教育局、市体育运动委员会、学校三方面联合办队的方式，但错过全国篮球运动发展的大好形势后，仍处于艰难发展阶段。

（二）抓住契机、寻求突破

2017 年全运会在天津成功举办，这既是对天津市政治、经济发展水平的肯定，也是展现天津竞技体育综合实力的契机。“全运会”是一场全面检测竞技水平的盛会，在筹备和举办的过程中，天津市抓住了机遇，也直面挑战。牢牢把握天津市是中国篮球运动的发源地的同时，加之以“奖牌效应”为吸引，在“后全运会”时期，对全面提高天津篮球运动整体水平起到了积极的推动作用。

（三）后备人才培养方式亟待优化

目前，天津市还在沿用我国“体育系统”沿用的“三级训练网”人才培养模式，从效果来看并不理想，而在寻求“体教融合”人才培养模式过程中，存在贯彻上不彻底、执行上不完善、效果上不明显等问题。每次天津两会期间，有关体育的提案也更多地涉及到校园体育与职业体育的融合、体育回归教育等提案。因此，天津市在面对篮球竞技后备人才培养问题上一定要“两手抓，两手都要硬”，并且制定出硬性指标以完成发展目标。

（四）后备人才来源渠道相对单一

学校具有庞大的人才基础，天津市中小学都十分重视学生体育锻炼。以学校为依托，在篮球运动推广方式上，学校在普遍开展篮球运动的基础上，进行专项选择和练习。天津市又有众多高校，在篮球人才培养上占有优势。当后备人才形成群体后，再从中进行人才选拔和学生兴趣导向的双向选择，进而达到培养人才、提高水平的目的。但是除了学校的后备人才相对稳定以外，社会培养篮球人才的数量与质量还存在一定的缺失，整体后备人才培养渠道相对单一。

（五）以运动员为核心，加强人、财、物保障

在保障运动员后备人才的同时，也要不断完善教练员的岗位制度，加强科学理论学习，提高教练员素质和科研水平，运用科学方法去选材和训练。与此同时，为天津篮球运动发展营造积极的环境与氛围，以政府宏观调控为导向，以“体育、教育、社会”发展为联动，优化人、财、物力资源的调配与使用，以实现天津市篮球运动的新跨越、新发展。

第三节　天津市排球发展战略回顾与思考

一、中国排球发展战略历史回顾

排球运动是深受广大青少年喜爱的运动项目，也是备受社会关注的集体球类项目。当前，我国排球运动整体发展水平与排球运动强国还有一定的差距，加快发展排球运动，引领三大球全面振兴，排球运动肩负着重要使命和责任。

表3　中国排球发展战略定位与历史回顾

时间	阶段	指导思想	目标任务
1950—1966年	百废待兴、积极发展	积极主动、灵活快速	五年或者七年达到世界先进水平

续表

时间	阶段	指导思想	目标任务
1967—1971 年	严重冲击、一盘散沙	攻击性发球与防守反击	
1972—1976 年	总结教训、不断提高	以攻为主、积极防守	确保亚洲领先地位
1977—1980 年	男排冲出亚洲、女排走向世界	向全攻全守发展	3—5 年冲出亚洲、走向世界
1981—1986 年	女排取得五连冠	坚决贯彻全攻全守	女排保持世界领先、男排迎头赶上
1987—1994 年	男排实力迅速下滑	技术全面、突出特点	遏制男女排下滑势头，尽快走出低谷
1995—2000 年	走出低谷	攻防全面、发展高度	
2001—2004 年	女排重夺世界冠军	准确熟练、快速善变	确保亚运会夺牌，2004 年奥运会夺金
2000—2008 年	男排有进步、女排再次跌落低谷	注重实效、突出特点	加强后备人才培养；打造联赛品牌；提高教练员水平
2009 年至今	新的奥运战略	深化改革、推进创新	

由表 3 可以看出，我国排球运动发展战略与规划所提出的指导思想、目标及任务、技战术风格，其内容和形式随着时代及世界排坛格局的变化和发展亦在不断修订和完善。整个过程大致可分为初步形成、遭受冲击、总结经验、创造辉煌、跌落低谷、重新展望几个代表阶段。特别是 20 世纪 90 年代初和 21 世纪前 10 年，世界排球运动的发展格局历经数次变革，而我国却忽视了对竞技排球战略发展理论的探讨和研究，导致竞技水平快速下滑。

（一）中国排球运动的基础具备全面振兴的条件

排球运动在我国有着深厚的社会基础。新中国成立之初，排球运动在我国东南沿海省市快速发展，广东、福建出现不少“排球运动之乡”，带动了全国其他地区排球运动的普及与开展。20 世纪 60 年代，原国家体育运动委员会邀请日本名帅大松博文指导训练中国女排，从难、从严、从实战出发和大运动量训练的原则得以确立，中国排球运动的竞技水平迅速提升。改革开放之后,中国男排一度成为可以挑战世界强队的亚洲霸主,涌现了一批优秀的运动员和教练员。中国女排作为一个团结奋进的集体,在多项国际大赛中取得佳绩,为祖国和人民赢得了荣誉,成为几代中国人共有的时代记忆,极具代表性地展示了时代风貌。

受多方面主客观因素的制约,当前我国排球运动的整体发展水平相较体育强国建设目标的要求还有一定差距,突出表现在:排球运动的普及和推广不扎实,优秀后备人才短缺,社会化和产业化发展受限,中国男排竞技水平下滑的趋势得不到扭转,中国女排也不具备长期保持世界强队地位的绝对实力等。面对这些困难和问题,要坚定全面振兴的决心和信心,坚信项目拥有的历史底蕴和宝贵的精神财富,坚持创新、协调、绿色、开放、共享的发展理念,聚焦核心领域和关键问题,扎实推进排球运动的改革与发展。

(二)中国排球界要大力弘扬新时代的女排精神

2019年9月30日,习近平总书记在会见中国女排代表时提出了“祖国至上、团结协作、顽强拼搏、永不言败”的新时代女排精神。全面振兴排球运动,必须大力弘扬新时代女排精神。女排精神是几代排球人勇于拼搏、持续奋进的思想和行为的凝结,其精神内核是“祖国至上、团结协作、顽强拼搏、永不言败”。尽管中国女排自身的发展也有起伏,竞技水平也有波动,但女排精神的时代价值没有变。中国排球要迈向高质量发展的新阶段,推动排球发展质量变革、效率变革、动力变革,实现排球运动高质量发展。排球运动管理中心和中国排球协会要带领全行业,立足岗位和业务,学习和弘扬新时代女排精神,始终把祖国和人民的利益放在首位,以团结协作、顽强拼搏、永不言败的奋斗精神攻关克难,勇攀高峰。中国女排作为新时代女排精神的载体更要励精图治,以更高的时代标准,不断丰富和发展新时代女排精神。

(三)要推动排球运动全面振兴发展

振兴排球运动,必须遵循排球运动发展规律,以服务人的全面发展和社会的全面进步为宗旨,以改革创新为动力,以全面建成体育强国为目标,以普及和提高排球运动水平为根本,抓重点、补短板、强弱项,重点做好六个方面的工作。一是要深化排球运动项目管理体制改革,进一步明确排球运动管理中心和中国排球协会的职能,探索能有效发挥政府、社会、市场合力的项目管理体制。二是要以国家队建设为龙头,以男排早日获得奥运会参赛资格和女排长盛不衰为目标,制订并实施男排出线、女排精进、沙排突破的专项行动计划,充分发挥举国体制的制度优势,建设一批能满足国家队冬训、夏训、高原训练和调整训练需要的高水平综合保障基地,全面提升中国排球的竞技运动水平。三是要狠抓后备人才队伍建设,全力构建以体教融合的青训体系为主干、职业俱乐部和社会俱乐部青训体系为补充的新型后备人才培养体系,推动排球运动进校园,大力发展排球运动特色学校。四是要改革和完善排球运动竞赛体系,建立以职业联赛为龙头、青少年赛事为基础、社会赛事为补充的排球运动竞赛体系,支持教育部门建立小学、初中、高中、大学四级排球联赛。五是要加强社会排球场建设,在城市和新农村建设规划中统筹考虑包括排球场地在内的社区球类运动中心,鼓励在城市公园、街心公园、郊野公园、绿化隔离带建设小型化、多样化、可综合利用的球类运动场地,方便城乡居民就近参与排球运动。六是要加强标准化建设。要根据排球运动改革发展的实际需要,加快研究制定排球特色城市、特色社区、特色学校的建设与评估标准,星级地方协会建设与评估标准,沙排、软式排球、小排球场地设施建设与评估标准,业余排球运动员、教练员、裁判员、指导员等级评定标准,排球博物馆、名人堂建设标准等。

二、天津市排球发展战略受中国排球发展战略的指引

(一)注重创新解决了发展中的动力问题

天津排球经历了爬坡过坎、经历了滚石上山。在习近平新时代中国特色社会主义思想的指引下,坚持新发展理念,走出了一条高质量发展之路。十年间,天津女排获得2次全运会冠军、6次联赛冠军、3次全国女排锦标赛冠军、2次亚俱杯冠军。天津青年女排获得1次全运会冠军、1次全运会亚军、2次青运会冠军。天津男排获得了1次全国男排锦标赛亚军。天津沙滩排球队获得了1次全国沙滩排球巡回赛亚军。天津排球为各级国家队输送优秀运动员三十余人。

2012—2013中国排球联赛,全部由本土球员组成的天津队在决胜场0:2落后的情况下连扳三局,以总比分3:2战胜拥有多名世界级外援加盟的恒大女排,第9次获得联赛冠军。这是天津排球在新十年获得的第一个联赛冠军。这个冠军为新十年开了一个好头,同时也为天津排球敲响了警钟。天津排球人意识到自身发展动力不足的问题,要想实现可持续性的高质量发展必须寻找新的引擎、新的动力。于是,从2013—2014赛季开始,天津女排开始了创新发展(引援)的尝试,在2015—2016中国排球联赛中拥有卡里罗、亚尼娃的天津女排夺得了联赛第10冠,但在2016—2017赛季丢冠后,天津排球又陷入了思考,完全依靠外援这条路似乎走不通。于是天津排球拿出壮士断腕的勇气,在2017年全运会后大刀阔斧地进行新老交替,将夺得2017年全运会排球项目青年组冠军的天津青年女排全部上调一队,打造以李盈莹为核心的新天津队。队伍在夺得2017—2018中国女排超级联赛冠军后,2018—2019赛季却再次丢冠。标准答案已经呼之欲出,在创新发展理念的指引下,终于从2019—2020赛季开始,天津女排开始打造双核引擎,从李盈莹+朱婷到李盈莹+瓦尔加斯,拥有双核的天津队动力十足地拿下了联赛三连冠。

作为女排精神的践行者、传承者和弘扬者,天津女子排球队在党支部的带领下,始终坚持以习近平新时代中国特色社会主义思想为指导,充分发挥党组织的战斗堡垒作用与党员的先锋模范作用,让党徽始终闪耀在训练场和比赛场上,带领全队走出了一条党建工作与比赛成绩双丰收的特色之路,在全国体育行业发挥出鲜明的示范效应。2021 年天津女子排球队党支部被中共中央授予全国先进基层党组织荣誉称号,党支部书记张静坤作为天津市受表彰代表赴京参加全国"两优一先"表彰大会,受到习近平总书记接见。

如果说打造双核是解决天津女排自身发展动力问题的答案,那么开启"排球之城"建设就是解决天津排球的自身发展动力问题的关键。从"排球之城"建设被写进天津市"十四五"规划到天津市政府办公厅印发《天津市加快推进"排球之城"建设实施方案》,从打造"排球之城"被写进《天津市第十二次党代会报告》到排球之城建设全面开启,建设"排球之城"必将筑牢本市排球运动发展的制度基础、人才基础、设施基础、社会基础,提升排球发展的质量和效益。

(二)注重统筹协调解决了发展中不均衡的问题

一直以来,天津男子排球长期在全国男排队伍行列的中下游徘徊,无法形成有效突破,男线女线发展不平衡抑制了天津排球向全面纵深发展。虽然近些年来从山东、北京等外省市引进了一些内援,从欧洲、美国引进了一些外援,但联赛中天津男排一直在八到十名之间徘徊。要想迎头赶上,实现跨越式发展,稳步发展的策略肯定不能满足现实的需求。补强男排一直是天津排球在持续做的一项重要工作。2020 年,利用部队军体改革契机,市体育局从原八一男女排引进了多名优秀教练员、运动员,补充到天津女排、天津男排,并重建了天津沙排。其中天津男排无疑是最大的受益者,国手毛天一、袁党毅、翟浩楠的加盟以及相当一批有潜质的原八一青年男排队员的加入让队伍的整体实力具备了和国内一流强队抗衡的资本。2020—2021 赛季，天津男排在联赛中实现突破，取得第六名的好成绩。2021 年全国男排锦标赛，天津男排再次突破，取得锦标赛亚军，创造了天津男排征战全国比赛的历史最好成绩。2021 年，天津沙滩排球队在市体育局的支持下重建，组队不到一百天就获得 2021 年全国沙滩排球巡回赛重庆云阳站第五名，随后又打进第十四届全运会决赛圈，在 2022 年全国沙滩排球巡回赛福建平潭站的比赛中，天津沙滩排球队白冰/杨琳琳组合获得亚军，运动成绩再次取得突破。

在探索中前进，在成功中汲取经验、在失败中总结教训。从人无我有到人有我优，天津排球的这十年走出了一条创新性的可持续高质量发展之路。未来十年，天津排球将继续深入学习贯彻习近平总书记提出的“祖国至上、团结协作、顽强拼搏、永不言败”新时代女排精神，以习近平总书记“三个着力”重要要求和“三大球要搞上去，这是一个体育强国的标志，要探索中国特色三大球发展路径”等重要讲话为指引，深学笃用习近平新时代中国特色社会主义思想，凝聚推动天津高质量发展的精神力量和强大势能，将排球运动打造成为天津城市发展的特色和品牌，为建设体育强市和健康天津奠定坚实基础。

三、天津市排球发展战略思考

（一）回顾历史，艰苦创业，厚积薄发创佳绩

排球运动是由美国马萨诸塞州基督教青年干事威廉·摩根于 1895 年发明的，在 20 世纪初传入中国，刚开始并没有受到中国人的青睐。在最初传入的十几年中，排球运动只是以游戏的形式在学校（特别是教会学校）中开展，学生们站成两排或者是一个大圆圈，把球用手托来托去使之不落地，后来才形成中间加网的比赛形式，这一时期的排球以游戏为主，并没有明确的战术体系。1931 年，在爱国教育家张伯苓先生创办的南开中学，学生在学校的支持下，组织创立了南敏体育会，设有足球、篮

球、排球、田径等运动队。在南敏体育会中，南敏排球队是最主要的球队之一，规模大、人数多、影响力大。当年的排球比赛为 9 人制，网高比现在要低，并且没有标志杆，比赛大多在露天进行。比赛时每队各有 9 名队员，位置分为前、中、后三排，每排三名选手，各排选手位置固定，不得越位。1933 年春天，随着对外交往及比赛的增多，为了适应新形势的需要，南敏排球队聘请天津著名排球教练陶少甫为教练，改变了球队长期没有教练指导的历史。经过专业教练的指导，队员的基本功、攻防技术和整体战术意识有了系统提高。复旦大学教练陈愚德曾和南敏排球队交手，并败下阵来，他曾经感慨："下次选拔远东运动会中国排球选手时，一定要注意南开的排球人才。"此后，南敏排球队的成功范例迅速传遍津城，享誉全国，为后续排球事业的发展提供了可以参考的经验，推动了天津乃至全国排球事业的发展。新中国成立以后，国家的各项建设百废待兴，在时任天津市副市长兼天津市体育运动委员会主任李耕涛的关心下，1956 年 3 月成立天津市体育训练班，6 月组建了天津市男、女排球队。从此开始，天津男、女排球队每年代表天津参加国家体委组织的排球联赛。1958 年，天津女排率先进入全国女排甲级队行列，并保持全国先进水平；1958 年 5 月，天津男排随国家体委代表团访问西北，在青海、新疆进行比赛和辅导，1960 年晋级全国男排甲级队。1964 年年初，经过周恩来总理批准，中国排球协会邀请日本著名排球教练大松博文访华。同年 11 月，大松博文率领日纺贝冢队首次访华，在北京、上海和广州进行了 8 场比赛、开设近二十次公开课，使中国排球人了解排球运动从严、从难、从实战出发，坚持大运动量训练的"三从一大"精神。奠定了日后中国排球成长和腾飞的基石。

当时大松博文不光带领日本球队与中国的球队比赛，还训练、指导中国的运动员，虽然当时被大松博文训练的运动员是由上海、山东、四川等队的队员组成的国家队，没有天津队的运动员，但是有两次在北京体育馆的训练课，大松博文即席邀请地方运动员参与，时年20岁天津籍的运动员赵雪琪就在其中，由于训练方式新颖，训练强度和训练量大，不少队员承受不了运动量，逐渐被淘汰下去，最后只有少数队员完成了训练。赵雪琪是完成这两次训练的少数队员之一，这次训练课影响了她以后的排球人生，在她1993年成为天津女排教练员后，遵循了"三从一大"的训练内涵，带领天津女排完成了不可思议的"三级跳"，从1993年青年联赛的11名（相当于全国的第35名）到1997—1998赛季全国女排联赛（顶级联赛）中拿到第5名，天津女排在比赛中表现出了韧劲十足，吃苦耐劳、打不死、拖不垮的比赛作风，这种作风也被称为"牛皮糖"精神，得到了球迷的认可和媒体的肯定。

2001年，王宝泉接任天津女排主教练。为进一步提升女排竞技成绩，大胆起用新人，强化集体意识，天津女排的技战术水平上升到一个新的台阶。2003年1月25日，在2002—2003赛季全国女排联赛决赛的决胜场中，天津女排在9∶13落后的不利情况下，接连挽救多个赛点，最终逆转八一女排，首夺全国联赛冠军，创造了天津女排的历史。王宝泉带队狠抓队伍的顽强作风，以身作则，曾立下"生死状"带病坚持指挥比赛，在八运会的赛前准备会上他喊出"今天我将与天津女排同生共死"的誓言。正是有了这样的带头人，天津女排才逐渐成长为一支铁军，在赛场上披荆斩棘，所向披靡、不畏强敌。2012年，天津女排第四次夺得亚俱杯冠军，2012—2013赛季中国女排联赛，天津女排第9次夺得联赛冠军，实现了"十年九冠"。

2013年，天津女排再夺全运会冠军，实现全运会三连冠。此间，天津女排为中国女排输送了李珊、张娜、张平、魏秋月四名优秀运动员，她们在国际赛场上先后夺得世界杯冠军、奥运会冠军。天津女排成绩斐然，达到了前所未有的新高度，天津女排精神在津沽大地被高声传唱。"新时代"的天津女排继续学习、践行、发扬女排精神。2017年全运会，时任天津青年女排主教练陈友泉带领“青年军”夺得全运会青年组冠军。2017 年全运会之后，新一代年轻运动员接过天津女排的大旗，以姚迪、李盈莹、王媛媛为代表的年轻队员在联赛中刮起了“青春风暴”，在 2017—2018 中国女排超级联赛总决赛中复刻了前辈们的奇迹，总比分 2:3 落后的局面下再次上演“无逆转、不天津”的好戏，终以 4:3 夺冠，夺得了排超元年的首个联赛冠军。随后天津女排又先后夺得了 2019 亚俱杯冠军、全国冠军赛冠军、全国锦标赛冠军。值得一提的是，天津女排为国家队输送的姚迪、李盈莹、王媛媛三名优秀运动员在 2019 年女排世界杯上随中国队夺得了第 10 个世界大赛(世界杯)的冠军。习近平总书记赛后会见了中国女排代表，对于中国女排在赛场上表现出的“祖国至上、团结协作、顽强拼搏、永不言败”的精神面貌给予了褒扬。在祖国 70 年华诞之际，中国女排登上了“祖国万岁”的游行花车。天津女排是中国女子排球竞技群峰中一座秀美支脉，宣示着热爱祖国与热爱家乡的高度统一，弘扬着一往无前的坚韧拼搏精神，女排精神在天津传承光大。

(二)历尽艰辛，不懈奋斗，铸就天津女排精神

女排精神的产生和政策有关，体育本身不是政治，但中国体育是一项长期受政策影响的事业，天津女排亦如此。天津女排精神的发展是伴随着排球运动在中国作为一项体育竞赛不断发展而日臻升华的。

1. 磨砺前行，培育精神

1931 年 5 月，我国临时组建排球队伍参加菲律宾首都马尼拉的第一届远东运动会，这也是我国近代体育史上第一支排球队伍，虽然此次比赛最终以 0:2 中国队遗憾落败，但这是中国排球队参加的首次国际性比赛，作为一项团体比赛使得中国排球运动员开始体会到团结协作和自强不息的精神主旨。新中国成立以后，女排精神在社会变革时期破土萌芽。中国女排精神的形成及发展是当时中国人民的希望，是党和人民举国上下予以支持和关怀的必然结果。“人只有为自己同时代人的完善，为他们

的幸福而工作,他才能达到自身的完善",在《女排是怎样成长起来的》报道中,"党的关怀"浓墨重彩,毛泽东、周恩来、贺龙等老一辈国家领导人关心中国女排。随着时代的发展,女排被赋予新的时代价值,象征着中国人拼搏向上的精神追求。随着国际形势和国内形势的逐渐演变,排球精神也在逐步诠释着"为国争光、无私奉献、团结友好、顽强拼搏"的精神。女排精神将自身的命运融入国家的命运,蕴蓄于时代的洪潮,因其激励和示范效应而成为时代价值取向的主旋律。

1961 年 12 月 5 日在北京召开的全国体育工作会议中,国家体委强调:"在今后工作中要认真贯彻、调整、巩固、充实、提高的方针,鼓足干劲,继续前进。工作中要认真贯彻民族精神和中国精神不谋而合。"其后日本排球教练大松博来华访问,用其著名的"魔鬼式"训练法协助训练中国女排,从那时起,中国女排最初的集体主义团队协作意识逐步积累起来,为女排精神的形成奠定了坚实的基础。作为中国女排的支脉,天津女排虽然是地方球队,却鲜明地传承并发展了中国女排精神,在中国女排精神形成的同时,探索并促成中国女排精神的天津化,形成了被排球界人士称道的"天津模式"。天津女排精神的产生顺应了时代发展的潮流。

1996 年 4 月 29 日是中国排球发展史上应当铭记的日子。这一天,全国排球训练工作会议在天津召开,时任中国排球协会主席袁伟民在讲话中提出:"找回中国排球的形象,赢得社会的广泛支持,把观众请回排球场,关键是要提高排球竞赛水平,排球改革从赛制入手,以实行主客场制为突破口。排球在我国是深受群众喜爱的运动项目,人们对女排取得'五连冠'有很深的感情。社会主义市场经济的发展,为我国排球职业化提供了重要前提,这条路晚走不如早走,但要有个新旧体制转换、不断完善过程,不能急功近利。"这次会议的一个重要决定就是在当年年底推出跨年度的主客场全国排球联赛。

1996 年 12 月 21 日,1996—1997 赛季金施尔康全国排球联赛登上历史舞台,根据赛制规定,当年全国女排甲 A 的 8 支队伍参加本届全国排球联赛,而当时位居甲 B 行列的天津女排,要通过参加优胜赛,获得前两名的队伍才能获得下赛季全国排球联赛参赛资格。最终天津女排在优胜赛中发挥出色,夺得比赛的第二名,顺利成为甲 A 队伍的一员,取得了参加全国排球联赛的资格。当天津女排成为国内顶级联赛中的一员以后,更加刻苦训练、认真钻研,从在联赛中相对弱的一支球队,逐渐成长为一支作风优良、拼搏顽强、永不言败的威武之师。天津女排的优异表现,引起了各级领导的重视和广大市民的关注,2009 年 3 月 19 日,在天津召开的弘扬天津女排精神座谈会上,天津女排精神被概括为“锐意进取、迎难而上、顽强拼搏、争创第一”十六个字,实现了与中国女排精神的薪火相传,体现了天津市的城市形象,凝聚了天津人民的精气神。

2. 顽强拼搏,铸就精神

国内排坛竞争激烈,没有永远的冠军,稍有松懈,即被拉开“距离”。2000—2001 赛季步步高无绳电话杯全国女子排球联赛在 2000 年的 12 月 9 日拉开序幕,天津女排在前几个赛季逐渐在国内顶级排球联赛中崭露头角,成绩稳步前进,却在这个赛季成绩不够理想,开赛以来一直在中下游徘徊,究其原因,当时的天津女排经历着“换帅”的“阵痛”,带领天津女排进入国内顶级职业联赛的赵雪琪教练到了退休的年龄,于 1999 年年底被任命为天津女排总教练,逐渐淡出。1999 年 4 月王德学教练开始执掌天津女排的教鞭,他接队以后,天津女排正值新老交替时期,一批老队员离队,部分队员被借调到国家女子沙滩排球队备战奥运会比赛,还有一些老队员伤病发作,无法参加比赛,内外援也相继离队。队内人手捉襟见肘,面对这种局面,王德学教练一面起用新人,一面调整了球队的一些技战术打法,但是由于队员年轻、技战术打法不成熟、教练球与球员之间出现“磨合”不到位等因素,球队前景堪忧。当天津女排的成绩出现了“下滑”以后,广大天津市民对天津女排展现出了极大的包容和理解,不仅接受女排成绩下落这一客观事实，还从各方面鼓励和支持女排再接再厉、轻装上阵。《天津日报》《今晚报》等主流媒体客观公正地正面报道，在维护天津女排正面形象和爱护女排个人荣誉等方面不遗余力，深入一线报道了天津女排艰苦训练的过程与真实的日常生活，有效地促进了天津女排再次崛起，增强了她们因不断败绩而失掉的信心和勇气。客观上来看，这些看似逆境和挫折的历史对天津女排精神的完善和发展具有重要的促进作用，为丰富和拓展天津女排精神奠定了重要基础和前提。

2001 年，联赛排位形势更加严峻，在最后 5 场比赛之前，天津女排的成绩只排到 12 支球队中的第 10 位，濒临降级。天津市体育局相关领导经过综合考量，调整了主教练人选，曾经在中国女排和天津女排都从事过助理教练，并有做过援外教练经历，具备国际、国内视野的王宝泉教练开始担任天津女排主教练，指挥该赛季剩余的比赛。王宝泉教练上任后根据队员特点，制订了一系列有针对性的打法，严格管理，再加上一些赛季初受伤的队员逐渐康复回归球队，天津女排在该赛季最后的比赛中，止住了"颓势"，最终获得第 8 名，保级成功。保级成功并没有让王宝泉教练满意，拿冠军才是最终目标，在新的赛季开始前，天津女排"三从一大"的"魔鬼训练"雏形初现，训练要求之严、强度之大，让人惊叹。一个防守动作不规范，一个救球动作出现失误，队员都会重新练上几十次，甚至是上百次，训练的难度和强度远远超过实战比赛。除了大运动量的训练以外，还把创新团队管理模式和保持团队的人文关怀加入女排日常训练中，教练组不仅时刻陪同队员一起训练，还在经常督促队员定期要进行健康检查；同时因材施教，创新人才考核与引入制度，充分发挥每个队员的优势，强化团队队员之间的彼此配合，让队员们充分表现出自己的特点，女排队员在日常训练中磨炼心性、锻炼意志，使其在每场比赛中都能找到自己的亮点，发挥自己的特长。

经过一段时间的积蓄和沉淀，2003 年 1 月 25 日晚上在天津人民体育馆，天津女排经过 5 局苦战，以 3:2 战胜八一女排，首夺联赛冠军，实现天津女排建队以来的历史性突破。继首夺联赛冠军以后，2003 年 7 月 30 日，在全国女排锦标赛中，天津女排以 3:0 战胜东道主江苏队，以四强循环赛不失一局的优异成绩夺冠，这是天津女排历史上首次获得全国女排锦标赛冠军。一年之内完成了全国联赛、锦标赛双冠王的伟业，这也是继 1960 年天津男足获得全国联赛、锦标赛双料冠军 43 年以后，天津市在三大球项目上又一次加冕。新一代天津女排勇于超越自我的同时，继承发扬老天津女排精神，使之得到升华和创新，最终使天津女排整体面貌焕然一新，整体实力在日趋强化。

3. 高歌猛进，弘扬精神

天津女排精神既是民族的产物，也是时代的产物。天津女排精神是当时天津市内环境综合发展的结果，与政治、经济条件紧密联系。“锐意进取、迎难而上、顽强拼搏、争创第一”，是基于当时时代发展形势，并结合天津女排实际表现而阐述出来的精神智慧。天津女排从组队的那一天起，从管理者、教练员到每一名队员都树立了一往无前、勇争第一的必胜信念，这种勇争第一不只是体现在比赛场上，也体现在平时的训练中。在训练的每一天、每一时、每一刻都要体现出勇争第一的精神，当成真正的比赛去训练。

同时，运动员、教练员还树立了不怕输的思想，拼字当头，天津女排的顽强作风是国内其他球队不具备的，不断超越、进取是竞技体育的核心内涵。如果没有进取精神，再好的技战术，再好的身体素质，也绝不会取得好成绩。而天津女排的成功经验就是一流技战术能力加上永不服输的进取精神，这是天津女排的传家宝，也是提高竞技体育整体实力的关键所在。竞争靠的是实力，竞争的实力源自刻苦训练、科学训练。天津女排常年每日的平均训练时间超过八小时，身体训练两个半小时，防守训练每天几乎都要两小时左右，在出现伤病、新老交替、阵容不整等困难时，想尽一切办法去克服，在挫折面前不退缩，在失败面前不气馁，越是在困难的条件下，越能激发坚强的斗志，尽百分之百的努力去争取胜利，不达目的决不罢休，这是天津女排精神风貌的集中反映。

天津女排有着一种非对手能比的团队精神，女排队员场下亲如姐妹，场上互相补台，尤其是在队友失误的时候，不仅不埋怨，而且还相互鼓励，从头再来，真正体现出团结出战斗力，团结可以无往不胜。天津女排在抓好训练比赛的同时，一点也没有放松加强党的建设和精神文明建设，注重在优秀运动员中发展党员，在比赛中建立临时党支部，发挥党组织的战斗堡垒作用，女排老队员基本上全是共产党员，她们要求自己综合素质要高于群众，专业能力要强于群众，岗位奉献要多于群众，党支部的战斗堡垒和共产党员的先锋模范作用在天津女排身上得到了充分发挥。天津女排每次拿全国冠军都不是有绝对优势，她们拿冠军并不是说技术比别人高出一大块，而是在迎难而上、艰苦奋战中取得的。在球队新老交替、状态不好的时候，天津女排也输过比赛，这很正常，符合排球运动的规律，但是天津女排虽然丢过冠军，但是从来没有丢风格、没有丢作风，始终靠自己的精神状态、战斗作风赢得对手的尊重。

天津女排这种模式也只能出现在天津，天津人民把天津女排作为她们学习的榜样，最大限度地激发了天津女排的潜力，许多老队员克服伤病等因素，站好最后一班岗，因为她们觉得天津人民给女排的荣誉是全队的荣誉，有她们在，天津女排这种荣誉就不能丢，这又促使天津人民对女排更加热爱，推动她们不断前进。

天津女排从不会在跌入低谷之后自暴自弃、自我放逐，也不会沉醉于荣誉之巅无法自拔，因为迎难而上、艰苦创业的精神已深入天津女排的血脉和骨髓，化为一种巨大的力量，激励着一代代女排人不因失败而气馁，不因胜利而骄傲，激励着她们再接再厉，再创佳绩。夺冠与失利，奋斗之路上既有欢笑也有泪水，天津女排姑娘们在前进的路上从未放弃，哪怕遇到失败，也顽强拼搏。曾经天津女排的奠基人赵雪琪教练说："几十年来，天津女排有辉煌也有挫折，但无论任何时候，天津女排总是在顺境时自强不息，逆境时卧薪尝胆，有时候知道不会赢，也竭尽全力。"在赛场上，面对任何强大的对手都毫无惧色，一球一球拼、一分一分争，直到比赛的最后一刻。我们需要这种拼搏精神，也只有这种精神，才能让我们坚定信念，一直向前走去。几十年的风雨历程，天津女排在赛场上展现了一个时代的精神，发扬天津女排精神，就是要在逆境中决不放弃，在低谷中坚持拼搏，在挫折后勇于奋起，始终保持昂扬向上的奋斗姿态。

在当代社会中，任何成果的取得都无法忽视集体的力量，天津女排的佳绩不仅是运动员的努力拼搏的结果，更离不开教练、陪练等场上、场下工作人员的辛勤付出，这种精神既是天津女排的精神，也是天津的城市精神。这么多年来，天津女排只要一踏上赛场，目标就是争第一、拿冠军，尽管有过丢失冠军的时刻，但是天津女排争冠的决心始终没有改变。天津女排也始终坚持一流标准、瞄准最高水平、解放思想、比学先进、勇于赶超。同时加强科学训练，把握排球运动规律，运用现代科技成果，从严要求，从严管理，最大限度挖掘潜力的同时，加强球队作风管理，胜不骄，败不馁，不畏强手，敢打硬仗。

在增强团结意识方面，顾全大局，珍惜集体荣誉，形成球队强大合力。充分发挥制度优势，创新工作机制，善于运用市场化手段，充分调动各方积极性，依靠群众支持，广泛开展群众性体育运动，为培养选拔排球后备人才奠定基础。天津女排还一直坚定事在人为的必胜信念，树立攻坚克难的顽强斗志，迎难而上，奋力拼搏，敢于胜利，经受住各种严峻的考验，发扬开拓进取的创新精神，永不自满，永不松懈，永不停步，努力创造一流的业绩，体现出了求真务实的工作作风，真抓实干，埋头苦干，咬定目标不放松，不断取得实实在在的成绩。随着社会的不断发展前行，中国的社会发展发生了翻天覆地的变化，天津女排精神的内涵和外延也随之出现了改变，更加国际化，更富有创新性。天津女排精神的升华在一次次勇夺佳绩的比赛中重新阐释，公众舆论也以全新的视角歌颂、解读和重铸天津女排的创新能力，随着天津女排精神的不断凝练和对时代变迁的逐步适应，尤其是首夺联赛冠军之后，全国和天津各媒体对天津女排的胜利给予了很高的评价，《人民日报》刊登《天津女排终于圆梦》的长篇报道，《天津日报》《今晚报》分别配发《顽强拼搏自信必胜》和《思想求快学女排》的评论文章，歌颂和赞美了天津女排精神的传承和创新，提炼和升华了天津女排精神的价值和内涵，天津女排精神也从体育竞技维度开始转向精神和文化的维度。

天津女排精神的发展贯穿于天津城市的历史积淀和优秀传统文化的传承中，它兼容了勇敢、执着、奉献和自强，也孕育了迎难而上和开拓创新的丰厚精神资源。天津女排精神化为推动时代发展的力量，为中国特色社会主义事业做出了巨大的贡献，天津女排精神如同一面旗帜，让天津市民看到集体主义、爱国精神、自强意志，能达到怎样的高度、能创造怎样的奇迹，天津女排精神是民族精神与时代精神的完美结合，在逆境中崛起，在困难中前行，在落后中奋进，在坚持中突破，在创新中发展。成为一个时代的集体记忆、价值标签。

（三）赓续奋进，新时代天津女排精神的实践创新

发展体育事业不仅是实现中国梦的重要内容，还能为中华民族伟大复兴提供凝心聚气的强大精神力量。进入新时代，习近平总书记从实现中华民族伟大复兴中国梦的战略高度谋划推动体育事业改革发展，把体育事业深刻融入全面建成小康社会的战略布局。提炼研讨体育精神，使中华民族的体育精神、奋斗精神不断传承、不断发展，按照习近平总书记提出的"学史明理、学史增信、学史崇德、学史力行"要求，天津女排赓续共产党人精神血脉，鼓起迈进新征程、奋进新时代的精气神。

1. 以政治建设为引领，铸造天津女排传承创新的红色基因

天津女排大力弘扬习近平总书记在会见中国女排时提出的“祖国至上、团结协作、顽强拼搏、永不言败”的新时代女排精神，充分发挥党组织的战斗堡垒作用和党员的先锋模范作用，践行爱国主义和理想信念教育，为球队不断攀登竞技体育事业的高峰提供坚强有力的组织保证。天津女排结合业务特点开展了“321”特色党建品牌创建工作。面对三面旗帜，即面对党旗，发挥先锋模范作用，为党旗增辉；面对国旗，做新时代的奋斗者，为国旗添彩；面对冠军旗，续写津门排球辉煌，为天津争光。拼搏两块场地，即拼搏在训练场，滴水石穿、持之以恒；拼搏在比赛场，舍我其谁、敢为人先。传承一种精神，即学习、传承、发扬女排精神。

2018—2019 赛季，在联赛决赛阶段，天津女排成立了临时党支部。在日常训练中，党员教练员、运动员必须在训练内容完成的数量和质量上领跑全队；在关键比赛中，党员教练员、运动员也必须用舍我其谁的表现来诠释共产党员的担当。2018—2019 赛季中国排球超级联赛半决赛前，在训练场地为女排主力运动员王宁、姚迪举行入党宣誓仪式，全体党员和全体运动员共同见证了这一庄严时刻。

2. 以科学训练为核心，打造天津女排可持续发展的团队

习近平总书记强调，“要坚持创新驱动，推动产学研结合和技术成果转化，强化对创新的激励和创新成果应用，加大对新动力的扶持，培育良好创新环境”。天津女排在刻苦训练的同时，同样重视科学训练和创新实践相结合。从中国女排五连冠开始，天津女排就一直同天津体育学院科研团队保持长期合作，引入先进理念与技术进行体能训练指导和比赛技战术分析。新时期以来，天津女排更加强调科学训练，从难、从严、从实战出发，在科学的视角下加大训练强度和提高训练的效率，强调科学的生活方式、科学的安全措施、科学的训练计划，在科技、体能、康复、营养、心理等全方位系统提升。天津女排引入 Data Volley 系统，辅助进行技战术

数据分析和测算，签约国内顶级的医疗团队，为运动队提供医疗保障。多年持续不断的建设，将天津女排锻造成为一个熔炉，一批又一批的年轻运动员在这里百炼成钢，成为天津排球事业和中国排球事业的先锋队，为中国排球事业续写辉煌。

3. 以管理机制为保障，锤炼顽强拼搏的冠军作风

体育强则中国强，国运兴则体育兴，天津女排用行动诠释了"使命在肩，奋斗有我"的精神，天津女排犹如一面旗帜，让人看到了不畏竞争、永不言败、执着坚持的冠军作风，为社会传递汇聚强大的正能量。天津女排自建队以来共获得三十余次全国最高水平比赛冠军，5 次亚洲级别冠军，为中国女排培养输送高水平运动员 29 人，7 人荣获世界冠军，4 人获奥运冠军。成为天津体育事业的先锋队，全国排球行业的排头兵，在全国体育界具有鲜明的示范效应。天津女排从基层、基础做起，探索出一套适合中国体育事业发展的竞技体育人才培养、选拔、激励保障机制，在全国范围内不拘一格选拔人才，与体校、体育学院合作培养竞技体育后备人才。李盈莹、王媛媛等队员都是十几岁就被选拔到天津女排，从小耳濡目染，从少年队到青年队再到国家队，一步步成长为世界冠军，她们也是天津女排精神与中国女排精神一脉相承的最佳见证。

4. 以队伍文化建设为基石，厚植天津女排贴近群众的人民情怀、爱国情怀

习近平总书记对体育事业发展提出"以人民为中心，把人民作为发展体育事业的主体，把满足人民需求、促进人的全面发展作为体育工作的出发点和落脚点，不断提高人民健康水平"等一系列重要指示，对我国建设成为体育强国具有重要的指导意义。体育承担着"为国争光、为民服务"的重大使命，赛场上的天津女排最常说三句话："我来"——遇到关键球迎难而上；"我的"——遇到失误勇于承担；"再来"——就算落后也不放弃。在体育强国建设过程中，团结协作、顽强拼搏的女排精神始终代代

相传,极大地激发了中国人的自豪、自尊和自信,为我们在新征程上奋进提供了强大的精神力量,也形成了天津女排特有的队伍文化。2020年初,新冠疫情刚刚发生,天津女排就第一时间向天津红十字会捐款,并受聘成为天津市红十字会脱贫攻坚公益形象大使,用实际行动助力脱贫攻坚事业,并带领女排运动员参与三场扶贫产品带货直播活动,实现累计销量526.43万元。女排党支部还积极参与"国家荣誉——中国女排精神展"展览相关工作。由天津女排教练员、运动员组成的宣讲团多次深入学校、社区、商场面向广大群众开展公益服务,普及排球运动、宣传排球文化、弘扬女排精神。天津女排的历史就是一部励志大片,身材、力量从未占优的她们能够创造十几年辉煌,在中国排坛已经是个大大的奇迹。天津女排用实际行动书写了一段段属于自己,也属于天津这座城市的光荣。

(四)弘扬天津女排精神,促进天津体育事业蓬勃发展

荣誉属于过去,成绩留在昨天。在新发展的历史节点上,天津女排迎来了新的方位坐标。创新弘扬女排精神,开创体育事业新局面,建设新天津,以优异成绩为天津新发展创造新动力,提供新活力。

1. 传承女排精神、再创天津城市新荣誉

天津女排精神的形成并非一朝一夕,是一代代台前幕后的女排人用坚韧的意志、昂扬的斗志和辛勤的汗水锤炼而成,饱含着追求与拼搏,凝结着智慧与伤痛。天津女排精神薪火相传,塑造了一支永不服输的王者之师。天津女排精神是天津女排披荆斩棘的根本,是这个战斗集体百折不挠铸就的"队魂"。没有一场比赛的胜利可以轻松获得,巩固拓展天津女排的国内优势地位,要靠梯队建设的不懈努力。新时代新起点,愈发激烈的竞争,接踵而来的压力,对胜利的渴望……无一不是巨大的考验,天津女排将会遇到更多更大的困难与挑战。没有唾手可得的冠军,只有永不磨灭的精神。天津女排精神是滋养年轻队员的思想源泉,是激励她们创造女排新气象的不竭动力,也是天津女排取得新发展、走向新胜利的有

力保障。未来的路就在脚下,竞技体育不进则退。天津女排传承和发扬天津女排优秀基因,以中国女排为榜样,进一步锻造天津女排精神,赋予其新的时代内涵,不断创造新成绩,续写新辉煌。天津女排永远走在夺冠的路上,永远要为下一个冠军努力。新时代需要奋斗,"不忘初心、牢记使命,必须准备付出更为艰巨、更为艰苦的努力"。天津女排继续以天津女排精神为"法宝",革新理念、开拓视野、科学训练、善于作战,在天津荣誉簿上续写新的华彩篇章。

2. 宣传女排精神,助力排球城市建设

天津女排是天津体育的一张闪亮名片,天津女排精神是新时代中国女排精神的有力回响。以天津女排精神为底蕴,建设天津排球特色城市,必将开创天津市体育事业新局面,为体育强国、健康中国贡献力量。建设排球特色城市的发展目标已在《天津市国民经济和社会发展第十四个五年规划和 2035 年远景目标纲要》中明确提出,主要包括:竞技排球的提升、全民健身的发展、体育文化的繁荣、排球产业格局的基本形成。这一目标紧密呼应体育强国、健康中国发展战略,是天津实现体育强市的重要举措。天津女排精神在建设排球特色城市的过程中必将发挥独特作用,引领和带动天津体育事业新发展,树立天津体育新形象,打造天津排球之城、运动之都的新名片。通过天津女排精神的影响,为排球之城建设发挥更大的作用,天津排球管理中心提出"四三三工程",在竞技、校园、职工、大众这四大人群推广排球运动,保持女排竞技成绩。同时,提升男排、沙滩排球运动成绩,促进排球事业科学发展。

3. 弘扬女排精神,凝聚天津发展新势能

天津女排在一次次"无逆转,不天津"中创造了奇迹,展示出强大的精神力量。天津女排精神早已超出体育范畴,成为一种精神符号,激励着天津人民埋头苦干、奋发图强。当前,在天津开启全面建设社会主义现代化大都市新征程的起步之年,在实现中华民族伟大复兴的道路之上,更加需要以精神力量凝聚起推进天津高质量发展的强大势能。女排精神是营造天津各行各业攻坚克难、干事创业氛围的强大推力。新时代新征程，天津进入了城市发展新阶段。天津的发展靠理念、靠方法，也要靠精神。形象健康、成绩突出的天津女排承担更多社会责任，提升公益新形象，即是为天津女排精神增添新的时代注脚。弘扬天津女排精神，需要着眼长远，科学规划，将其融入社会主义核心价值体系建设，通过学校、机关、企事业单位和社会各方面，在全体市民中进行教育；开展群众性宣传实践活动，以活动为载体吸引市民普遍参与；积极营造浓厚的社会氛围，充分发挥大众传媒、文艺作品的渗透力和影响力，加强舆论引导，传播精神文化。

第七章　天津市三大球振兴的总体思路

导言:推动天津市三大球全面振兴,要遵循三大球发展规律,以服务人的全面发展和社会的全面进步为宗旨,以改革创新为动力,以全面建设体育强国为目标,以普及和提高三大球运动水平为根本,抓重点、补短板、强弱项,充分发挥三大球运动的核心价值和多元功能,推动三大球与全民健身和体育产业内生协同,加强三大球项目文化建设,建立健全三大球管理和运行制度体系,夯实三大球的人才基础、设施基础、社会基础、文化基础和市场基础,不断提升三大球运动的规模、质量、效益和水平,走出一条符合天津市实际的三大球发展道路,为实现“运动之都”建设贡献力量。

“十四五”时期,天津市三大球振兴发展,既要解决“十三五”尚存的问题,又要面对“十四五”可能出现的新情况、新问题,特别是职业队竞技水平不均衡、后备人才来源渠道单一等问题,形势更加动荡复杂,需要在战略层面上有更为实际、更为科学的把控。

一、天津市三大球振兴指导思想

以习近平新时代中国特色社会主义思想为指导,深入学习、领会总书记关于体育工作的系列重要讲话精神,遵循三大球发展规律,以服务人的全面发展和社会的全面进步为宗旨,以改革创新为动力,以全面建设体育强市为目标，以普及和提高三大球运动水平为根本，抓重点、补短板、强弱项，充分发挥三大球运动的核心价值和多元功能，推动三大球与全民健身和体育产业内生协同，加强三大球项目文化建设，建立健全三大球管理和运行制度体系，夯实三大球的人才基础、设施基础、社会基础、文化基础和市场基础，不断提升三大球运动的规模、质量、效益和水平，走出一条符合中国实际的三大球发展道路，为实现“体育强国梦、民族复兴梦”贡献力量。

二、天津市三大球振兴发展原则

遵循三大球发展规律，以人为本，紧扣人民群众的实际需要，科学谋划，重娃娃、重基础、重基层，抓手前移、重心下沉，有序推进，持续发力。统筹三大球运动的普及与提高，统筹不同地区和不同形态三大球运动的协调发展。强化改革创新意识，以改革为突破口，以创新为推动力，破除一切制约三大球发展的体制机制障碍，以高水平开放带动改革全面深化，加强三大球领域改革的系统集成，注重协调推进，使各方面举措相互配合、相得益彰，提高改革创新的整体效益。把三大球改革发展纳入法治化轨道，全面提升法治观念和法治水平，创造多方参与、平等协商、公平竞争的发展环境，构建依法、依规、依章的治理体系。坚持“大目标、大开放、大整合、大协作”的发展思路，充分调动全社会的积极性和创造力，营造重视三大球、支持三大球、参与三大球的良好氛围。提高对内对外开放水平，在合作共赢中谋发展。围绕奥运会、单项国际体育组织比赛的动态变化，加强重大风险识别和系统竞赛的工作机制和制度规范。到2025年实现天津市三大球发展的整体面貌明显改观，基础性改革基本完成，协会制运行基本顺畅，三大球与全民健身、体育产业内生发展、与经济社会协同发展格局初步形成，完成为国家队培养人才的任务。具体有如下几个目标：三大球整体竞技水平与国内强队的差距缩小，女排保持国内领先优势、女篮、女足初步具备与国内强队竞争的实力，男足跻身国内强队，男排力争获得联赛八强席位，男篮力争进入职业联赛季后赛，并能突破第二轮。

以职业联赛为龙头、青少年赛事为基础、社会赛事为补充的三大球竞赛体系基本健全；三大球职业俱乐部的品牌影响力大幅提升。以体教融合青训体系为主干、职业俱乐部和社会俱乐部青训体系为补充的新型三大球青训体系初步建成，天津市三大球特色学校数量进一步提升，小学、初中、高中、大学四级联赛体系不断完善，三大球成为天津市在校学生参与度最高的运动项目。覆盖天津市全体市民的三大球公共服务体系初步形成，三大球场地数量在现有基础上提高10%，三大球基层组织蓬勃发展，基层活动广泛开展，全社会关心和支持三大球发展的良好氛围基本形成。三大球运动消费水平不断提高、培训和竞赛市场不断扩大、产业链和生态圈不断完善，产业总产出明显提升。制定并实施三大球文化建设大纲，推进三大球进学校、进社区、进军营，加强球迷文化建设和三大球国际文化交流，做好三大球项目文化的理论研究和宣传推广工作。中国特色的天津市三大球管理体制机制初步建立，政策法规健全，行业标准和规范趋于完善，会员体系运转顺畅，竞赛和培训体系科学合理，治理能力明显提升，三大球与经济社会协调发展的格局基本形成。

三、天津市三大球振兴创新管理体制

在天津市体育局领导和支持下，构建政府统筹推进、部门分工协作、社会和市场广泛参与的管理框架。推动市政府落实三大球公共服务体系建设的政府职责和教育行政部门推进校园三大球发展的主体责任。充分利用三大球广泛的社会影响力，鼓励和引导各类社会资本投资三大球事业和产业，鼓励和引导各类社会力量开展自愿服务，切实将办三大球的职能交给社会和市场，打破利益藩篱，创造公平竞争环境，促进资源优化配置，激发内生活力，厚植发展基础，全面提升三大球运动的社会效益、经济效益和文化教育效益。做实、做大、做强三大球项目协会，完善协会内部管理构架，明确职能，健全机构，逐步建立体制完善、结构合理、职责明确、规章健全、监管完善的协会制管理体制，形成协会依法自主管理、科学民主决策的新机制。加强三大球地方和行业协会建设，研究制定支持地方和行业协会实体化运作的具体办法。规范组建具有独立企业法人资格的职业联盟，负责组织和管理职业联赛。完善俱乐部法人治理结构，加快现代企业制度建设，推动俱乐部专业化、品牌化发展，鼓励俱乐部扎根主场城市，深耕赞助商和球迷市场。完善国家相关法律法规和三大球行业规范规则。以竞赛和专业人才建设为抓手，加强标准化和规范化建设，推进“小篮球”“小足球”“小排球”、业余运动员、教练员、裁判员等级制度。健全监督、执法和仲裁机制，加强运动队、俱乐部、从业人员诚信守则自律，严肃赛风赛纪，依法严厉查处各类违法犯罪行为。完善三大球赛事和活动安保服务标准，积极推进安保服务规范化、社会化。

四、全力做好天津市三大球支持国家队建设

充分发挥举国体制的制度优势，调动一切可以调动的力量支持国家队建设，明确市体育局、天津篮协、职业俱乐部和重点高校支持国家队建设的责任，适度扩大天津队（职业队）组建范围，健全多层次球队体系。制订并实施三大球突破计划，在资源投入上优先保障女排，配套做实高中、初中和小学联赛，从基础基层抓起，从青少年后备人才梯队建设抓起，建立符合尽快出人才的训练和竞赛体系，大幅提高从事三大球训练、竞赛和管理人员的待遇，奖励为天津市三大球输送人才、培养人才的基层单位和教练员。建立“中超”、CBA 联赛反哺女子三大球的政策，探索和创建政府、社会和市场共建、体育部门和教育部门共管的三大球社会责任制。激发运动员、教练员的责任感、使命感、荣誉感。

五、组建天津市三大球高水平团队

天津市三大球项目协会的教练员委员会在全球范围内提名遴选男女天津队主教练人选，主教练负责组建教练团队，教练团队包括主教练、专项教练（进攻教练、防守教练、战术教练、各战术位置教练等）、体能教练、科研教练、数据分析师、球探、队医、心理咨询师、营养师。其中教练团队中的核心业务也可以探索与专业公司合作，走业务外包的道路。打造强支撑的科研攻关和服务团队，根据队伍备战重大赛事的实际需求，依托天津体育局科研所和天津体育学院分别组建三大球支撑保障团队，开展三大球的技战术分析、主要对手的情报分析、大数据运用、生理生化监测、运动伤病防治、心理咨询、专项器材研制、教练员、裁判员、运动员的教育和培训等方面的科技攻关和服务工作，创建支撑国家队高效运转的复合型工作团队。加强与三大球国际组织和欧美强国的业务交流建立和完善与各个协会与联赛等组织的沟通协调机制，在政策研究、信息互通、人才交流、教育培训、赛事承办等方面开展多种形式的双边和多边业务合作，增强中国足协、中国篮协、中国排协中的话语权，开展人才、技术、信息、教育文化等方面的合作，实现三大球资源的高效配置，提升天津市三大球的整体水平。

六、厚植天津市三大球人才储备库

全面贯彻落实中央全面深化改革委员会第十三次会议审议通过的《关于深化体教融合促进青少年健康发展的意见》，全面推进三大球进校园。深化体育课教学改革，充分发挥三大球竞技教育的独特作用，形成内容丰富、形式多样、因材施教的青少年三大球教学体系。制定校园三大球教学训练指南，鼓励和支持各类学校组建三大球俱乐部，鼓励和引导各级体校的专职教练进学校。将校园三大球骨干教师纳入中小学幼儿园教师国家级培训项目,加强对专兼职三大球师资的专业培训。支持学生课余、校外参加三大球竞赛活动,健全小学、中学和高中以年级为基础的分年龄段竞赛体系和以校区为基础的联盟竞赛格局。完善考试招生政策,激励学生长期积极参加三大球学习和训练。鼓励和引导社会力量举办各类青少年三大球运动俱乐部,构建多渠道、多形式人才发现和培养机制,不断增加三大球人才后备力量。支持建设一批足球、篮球、排球特色学校。壮大教练员、裁判员队伍提高体育教师的三大球教学水平,鼓励有三大球特长和兴趣的其他科目教师兼任教学和带队训练。加强职业教练员、裁判员队伍建设,不断完善教练员、裁判员培训体系。构建基于社区的三大球公共服务体系,提高社会体育指导员组织开展三大球活动的技能水平,鼓励专业教练员、裁判员、体育院校学生服务城乡社区,提供自愿服务。推动三大球运动员职业化发展围绕需求,激活赛事,通过建立和完善三大球运动的赛事体系,逐步增加注册球员数量,优化发现和选拔机制,建立校园竞赛体系、社会竞赛体系与专业职业篮球竞赛体系对接联通机制,畅通优秀三大球后备人才向上流动的渠道,壮大高水平运动员队伍,做大做强职业联赛。坚持运动技能和文化教育相结合,加大多技能培养培训力度,拓宽退役运动员发展空间,打通向教练员、裁判员、社会体育指导员、企事业单位和项目协会管理人员的转岗就业渠道。通过高等院校、中职教育、职业培训和继续教育等多种形式,培养三大球行业人才。提高高等院校体育类专业招收三大球专项学生的比重,鼓励吸引其他专业学生选修三大球方向,依托天津体育学院设立足球学院、篮球学院和排球学院,开设相关专业。与重点高校的商学院合作,开展三大球产业经营管理人才培训,重点发展经营管理、资本运作、营销推广、研发设计、中介服务、文化创意等专业人才队伍。加强三大球产业人才的国际合作与交流。

七、加快天津市三大球场地设施建设

加强三大球场地设施的规划建设与运营将三大球场地设施纳入公共

体育服务设施建设目录，根据人口规模、自然条件、经济社会发展水平，配置完善三大球场地设施。扩大三大球场地供给，优化类型结构，提高设施质量，不断满足全社会开展三大球运动的需求，制订各类三大球场地建设指南。创新三大球场地设施管理方式，促进场地设施集约高效利用。进一步加大校园三大球场地建设实现全国中小学三大球场地全覆盖，鼓励有条件的大中小学兴建室内体育馆。在天津市各类幼儿园推广小足球、小篮球、小排球场地建设标准。提高学校三大球场地利用率，加快形成校园场地与社会场地开放共享机制。加快推进社区三大球场地设施建设在城市建设和新农村建设规划中统筹考虑社区三大球场地建设。鼓励在城市公园、街心公园、郊野公园、绿化隔离带建设小型化、多样化、可综合利用的三大球场地，在土地资源约束度高的大中城市推广空中（屋顶）笼式足球场、篮球场和排球场建设，鼓励社会资本利用废弃厂房、库房以及转型中的商场集市建设社区球类运动中心，方便城乡居民就近参与三大球运动。鼓励天津市内、区域中心，在条件允许的情况下建设现代化多功能体育馆。推进智慧场馆建设，提高天津市承办高水平三大球国际赛事和开展职业联赛的物质技术水平。

八、健全天津市三大球赛事体系

以做大做强三大球产业，提升天津市三大球职业联赛影响力为目标，改革职业联赛管理和运营体制，建立体系完整、布局合理的三大球职业联赛架构，逐步扩大职业联赛的参赛队伍，优化升降级制度，提高职业联赛的竞争和激励水平，调动社会资本投资三大球职业联赛的积极性。加强行业自律，推进职业联赛管理现代化，实施职业联盟自主管理与运营，严格准入、规范管理职业俱乐部，强化职业俱乐部梯队建设，不断提升联赛运营管理水平，推动职业俱乐部建立现代治理结构。强化职业联赛的社会责任，开展三大球职业联赛进校园、进社区的主题文化活动，提升联赛品牌价值。组建三大球职业联赛电视制作公司,实现联赛媒体版权市场化交易。深入开展校园三大球活动,面向全体学生,以增强学生身体素质、意志品质、团队精神,普及三大球知识和技能、培养三大球兴趣爱好为目的,举办多种形式的校园三大球活动。以活跃校园文化、培养和发现优秀后备人才为目的,健全大学、高中、初中、小学四级赛事,科学合理组织竞赛活动。鼓励和引导有条件的学校开展校际三大球国际交往,加强与三大球发达国家和地区的赛事交流。广泛开展社会三大球赛事活动立足社区、学校、单位,鼓励因地制宜、多种形式组建社区球队,开展社区联赛。建立社区联赛—城市联赛—大区赛—全国总决赛的三大球业余竞赛体系。注重区域赛事、青少年赛事、校园赛事的有机衔接,逐步实现竞赛结构的科学化。支持党政机关、企事业单位、人民团体、基层部队开展常态化的内部竞赛活动,并将他们的比赛与城市联赛、杯赛体系相衔接,逐步构建社会三大球发展体系。做好社会三大球活动的宣传推广,评选草根名人,营造广泛参与的社会氛围,充分发挥三大球业余赛事在促进民族团结和社会建设中的重要作用。

九、发展天津市三大球产业

以职业联赛、国内外高水平单项赛事、具有广泛影响的群众性赛事为龙头,发展天津市三大球竞赛表演业,在三大球职业联赛中各培育有国际影响力的职业俱乐部,打造天津市品牌,扩大影响力,推动和培育具备条件的三大球职业俱乐部上市,带动电视转播、媒体广告、网络服务、球迷纪念品、餐饮娱乐等相关产业发展。大力开拓三大球场馆运营、培训、中介代理机构等服务市场。推动天津市三大球主题公园、球类运动综合体和特色小镇。积极研究推进发行以三大球职业联赛为竞猜对象的专项彩票。做精做强三大球装备制造业大力发展球类制品、鞋服、运动护具、专项器材设施、奖杯纪念品的研发设计、生产制造和销售推广,打造一批龙头企业和国际品牌。支持企业加大研发设计投入力度，培育形成一批自主创新能力强、产品科技含量高、具备国际知名度的用品制造企业。扶持发展一批成长型小微企业，支持其进入各类创业平台和孵化基地，提供三大球场地运营、培训、网络媒体和社区平台等服务。鼓励组建由制造企业、服务供应商、职业俱乐部等组成的产业联盟。

推动三大球产业与相关产业融合发展坚持开放协作共享的发展理念，加快三大球产业与教育培训、文化创意、广告传媒、旅游业、建筑业、餐饮酒店、健康养生、医疗康复等行业的互动发展，催生三大球运动新业态，拓展产业链，融入生态圈。促进三大球产业创新创业推动互联网、物联网技术与三大球产业深度融合，重点引入移动互联网、大数据、AR/VR 等新技术和新业态，促进三大球产业多点创新。积极利用互联网平台，形成多元参与、有效竞争的赛事转播格局，为广大球迷提供丰富的转播形式和多样选择。支持开发三大球手机应用程序、互联网和手机游戏、三大球题材动漫和影视作品。鼓励和引导退役三大球运动员、体育院校毕业生专项化、职业化发展。天津足协、天津篮协、天津排协分别组建项目文化促进委员会，具体负责项目文化建设的组织、协调与业务指导。重点建设以团结、协作、拼搏、奋进为主要内涵的国家队文化、以培育联赛品牌为核心的联赛文化、以促进人际亲和、文明观赛为主要内容的球迷文化、以记录、总结和传承中国三大球运动发展历程为主要内容的历史文化。扩大三大球开，放坚持新发展理念，实施全面开放政策，利用三大球全国性协会的枢纽作用，打破行政行业壁垒，实施“足球+”“篮球+”“排球+”工程，向全社会开放项目资源，向各类资本开放项目市场，构建政府、社会、市场、公民个人四轮驱动的三大球发展新格局，全面提升三大球运动的体育价值、社会价值、经济价值、文化价值和竞技教育价值。围绕国家战略和体育强国建设目标，实施“请进来，走出去”，加强与国际组织、三大球发达国家的合作与交流，开展全方位、多渠道、宽领域的国际文化交流活动。积极引入境外资本,优化本土俱乐部的股权结构,提高运营管理水平和多元化盈利能力。加强与“一带一路”沿线国家的专项交流,鼓励各类主体举办形式多样的国际赛事和文化交流活动。鼓励天津市三大球专业人才赴国外学习、培训,支持更多的优秀专业人才赴国际体育组织工作。

十、天津市三大球振兴的保障措施

彻落实习近平总书记关于发展三大球运动的重要指示精神,在中央深改委的支持和协调下,进一步明确天津市政府支持三大球发展的责任,将城乡三大球公共场地设施建设、基层组织与活动建设、特色学校建设、优秀后备人才建设以及各层次球队建设,纳入公共财政支出目录,通过政府购买服务、直接投资、贷款贴息、补贴补助、后期奖励等多种方式加大支持三大球发展的力度。篮球和排球同等享受天津市政府支持足球改革发展出台的系列财政、税收、土地、人才、安保、能源价格等方面政策,为三大球快速健康发展提供强有力的保障。

天津足球协会、天津篮球协会、天津排球协会设立项目发展基金,鼓励企业、社会资本单独或合作设立发展基金,支持三大球发展。鼓励和引导实力雄厚的资本投资三大球事业和产业,拓宽三大球职业体育投融资渠道,支持符合条件的职业俱乐部、三大球装备和用品制造企业、赛事服务企业进入资本市场或发行债券。鼓励金融机构在风险可控、商业可持续的基础上拓展三大球领域金融服务新业务。引导保险公司根据三大球特点开发职业球员伤残保险、校园和社区三大球人身意外伤害保险、三大球场地设施财产保险等多样化的保险产品,鼓励企事业单位、学校、个人购买运动伤害类保险。鼓励企业和社会力量捐赠三大球运动服装和器材装备,支持老少边穷地区开展三大球运动。

建立和规范运动员、教练员、裁判员等人才注册制度,理顺球员培养补偿和转会机制,推动与国际、国内通行规则相接轨。加大三大球从业人员培训力度，将从事三大球教学的教师、社会指导员、教练员的专业技能培训，按规定纳入教师培训、全民健身、技能人才培养、就业培训等专项范围。鼓励社区、企业等设立相应岗位，吸引退役运动员、教练员从事基层三大球指导工作。通过购买服务、特聘教师等方式，聘请退役运动员、教练员参与校园三大球发展。通过职业培训和创业培训，支持退役运动员从事三大球产业开发工作。

根据三大球改革发展的实际需要，加快研究制订三大球特色社区、特色学校的建设与评估标准，星级地方评估标准，主题公园与特色小镇的建设与评估标准，三大球业余运动员、教练员、裁判员、指导员等级评定标准，三大球新型非标场地建设标准，三大球事业与产业统计标准，三大球博物馆、名人堂建设标准，三大球赞助商、媒体、球迷服务标准等。

第八章 天津市三大球振兴的实施路径

导言:天津市三大球振兴是一个复杂的理论与实践命题,通过前期相关研究和实践检验,我们发现集体球类项目振兴建设不能搞"一刀切""拿来主义",要根据天津市的实际情况,遵循新发展理念,在坚持"举国体制与市场机制"相结合下,结合总局提出的"赢"的要求,根据不同项目发展的不同,探索适合天津市三大球振兴的模式。本部分主要从学理层面,尝试性提出天津市三大球运动队振兴实施路径。

三大球振兴工程是以习近平同志为核心的党中央从党和国家事业全局出发,着眼于实现"体育强国"奋斗目标,顺应人民对美好生活的需要作出的重大战略决策。运动队是实现天津市三大球振兴的"基础","基础不牢、地动山摇"。如何筑牢这个"基础",本研究认为有两个理论可以提供一些借鉴性指导,一是系统科学理论;二是善治理论。

系统科学理论认为,任何事物都是作为系统而存在的,都是由相互联系、相互依存、相互制约的多层次、多方面的因素,按照一定结构组成的有机整体,需要用系统或整体的视角揭示发展规律或考察运行状态。从这个学理看,运动队也不是纯粹的实体世界,是作为一个关系集合体而存在,构成运动队的各个要素以及它本身都处在复杂的关系网络之中,因而运动队建设不是彼此孤立的各要素堆成的"机械聚集体",而是相互关联的各要素结成的"有机关系体"。

如果说系统科学理论为运动队建设提供了"要素"构成说，那么善治理论则从"如何实现良好的治理"的角度为三大球运动队建设管理提供了方向性指引和方法论基础。善治的本质特征有四：一是善治的主体未必是政府；二是强调国家与社会合作；三是善治是一个上下互动的管理过程；四是善治强调管理手段和方式多元化。综合来看，运动队建设是一项系统性、战略性、复杂性、长期性工程，绝非单一路径可以实现。因此，针对当前天津市三大球运动队存在的关键短板和突出问题，基于治理理论和系统科学理论，须从"党的领导、思政教育、团队建设、科学训练、严格管理、团队文化、科技助力、条件保障、制度体系等路径多维统筹推进"。充分调动多元主体参与，以"合作共赢"为设计原则，拟从多元联动机制、利益共享机制、奖惩激励机制、就业保障机制等层面构建天津市三大球运动队建设新机制。

一、坚持党的领导

中国特色社会主义最本质的特征是中国共产党领导，中国特色社会主义制度的最大优势是中国共产党领导。习近平总书记曾指出："党政军民学，东西南北中，党是领导一切的，是最高的政治领导力量。"站在历史的长河看，从陈镜开的第一个世界纪录，到容国团的第一个世界冠军；从许海峰的第一枚夏季奥运会金牌，到杨扬的第一枚冬季奥运会金牌；从北京2008年第一次举办夏奥会，到北京2022年第一次举办冬奥会，无不折射出"党的领导"是我国竞技体育发展不断超越、勇攀高峰，战胜一切困难和取得辉煌成绩的"定海神针"，是我国竞技体育的"核心所在""根本所在""命脉所在"。

（一）坚决维护党的权威

习近平总书记明确指出："发展的历史都告诉我们：要治理好我们这

个大党、治理好我们这个大国,保证党的团结和集中统一至关重要,维护党中央权威至关重要。”在天津市三大球振兴发展的大棋局中,党中央是坐镇中军帐的“帅”,车马炮各展其长,一盘棋大局分明。“维护党中央权威,决不是一般问题和个人的事,而是方向性、原则性问题,是党性,是大局,关系党、民族、国家前途命运。”“十四五”时期,天津市三大球发展面临一系列风险挑战,有许多问题难点需要破解,也有许多宏伟目标等待实现,要坚决维护党中央权威,坚决贯彻党对三大球工作领导的根本原则和根本制度。

(二)切实增强四个意识

天津市三大球项目运动队建设管理是一项系统性工程,要充分发挥党总揽全局、协调各方的领导核心作用,强化运动队的“政治意识、大局意识、核心意识、看齐意识”。增强政治意识,就是要始终做到“爱党、信党、护党、跟党走”,不断提高政治判断力、政治领悟力、政治执行力,进一步把思想和行动统一到党和国家对三大球发展的重大决策部署上,牢固树立全国一盘棋思想,牢牢把握三大球发展的政治立场和前进方向。增强大局意识,就是要跳出一时一事、一地一己的局限,要做好运动队建设管理本职工作,把握住三大球运动队基础的脉动,促进体育事业整体高质量发展。增强核心意识,就是要理直气壮、毫不含糊地强调坚持党的领导。增强看齐意识,就是要真正做到心有所畏、言有所戒、行有所止,要有敢于担当、肩负使命的鲜明品质。

(三)切实坚定“四个自信”

在天津市三大球运动队建设管理过程中,要切实坚定“道路自信、理论自信、制度自信、文化自信”。坚定道路自信,就是要坚持中国特色社会主义道路,简而言之就是要坚持中国特色体育发展道路,这是一条既符合中国国情,又适合时代发展要求并取得巨大成功的唯一正确道路。坚定理论自信,就是要坚定中国特色社会主义理论体系和中国特色竞技体育理论体系是实现中华民族伟大复兴的正确理论和行动指南。坚定制度自信,就是要坚定中国特色社会主义制度,发挥“新型举国体制”的制度优势是当代中国三大球发展进步的根本制度保障。坚定文化自信,就是坚定中华民族共同的精神记忆和中华文明特有的文化基因,中华优秀传统文化是民族凝聚力的精神纽带和维系民族生存与发展的精神支柱。

(四)切实做到“两个维护”

“两个维护”是指坚决维护习近平总书记党中央的核心、全党的核心地位,坚决维护党中央权威和集中统一领导。党的十八大以来,我国体育事业之所以能取得历史性成就,发生历史性变革,最根本的原因,就在于以习近平同志为核心的党中央的坚强领导,就在于习近平新时代中国特色社会主义思想的科学指引。全面落实习近平总书记关于体育的重要论述和重要指示批示精神以及党中央重大决策部署。坚决维护习近平总书记党中央的核心、全党的核心地位,维护党中央权威和集中统一领导,是天津市三大球运动队建设的根本所在,是三大球振兴的根脉所在,是最根本的政治纪律和政治规矩。

(五)切实履行主体责任

要坚持“责”字当头,认真履行全面从严治党主体责任,各级党组织要发挥好职能作用,加强各协会以及各级运动队、会员协会、职业俱乐部等党建工作,坚持全市一盘棋,更好发挥各方面积极性,建立天津市三大球运动队规划实施责任制,着力固根基、扬优势、补短板、强弱项。要把党的建设延伸到运动队各层面,把党支部建在运动队上。支部建在运动队上能够有效避免“像一把豆子那样,手一松就会散掉”情况的出现,为天津市三大球振兴发展提供更为坚实的政治保障和组织保障。充分弘扬“支部建在连上”的光荣传统,提出“队队有支部、金牌有党(团)员”的党建模式。

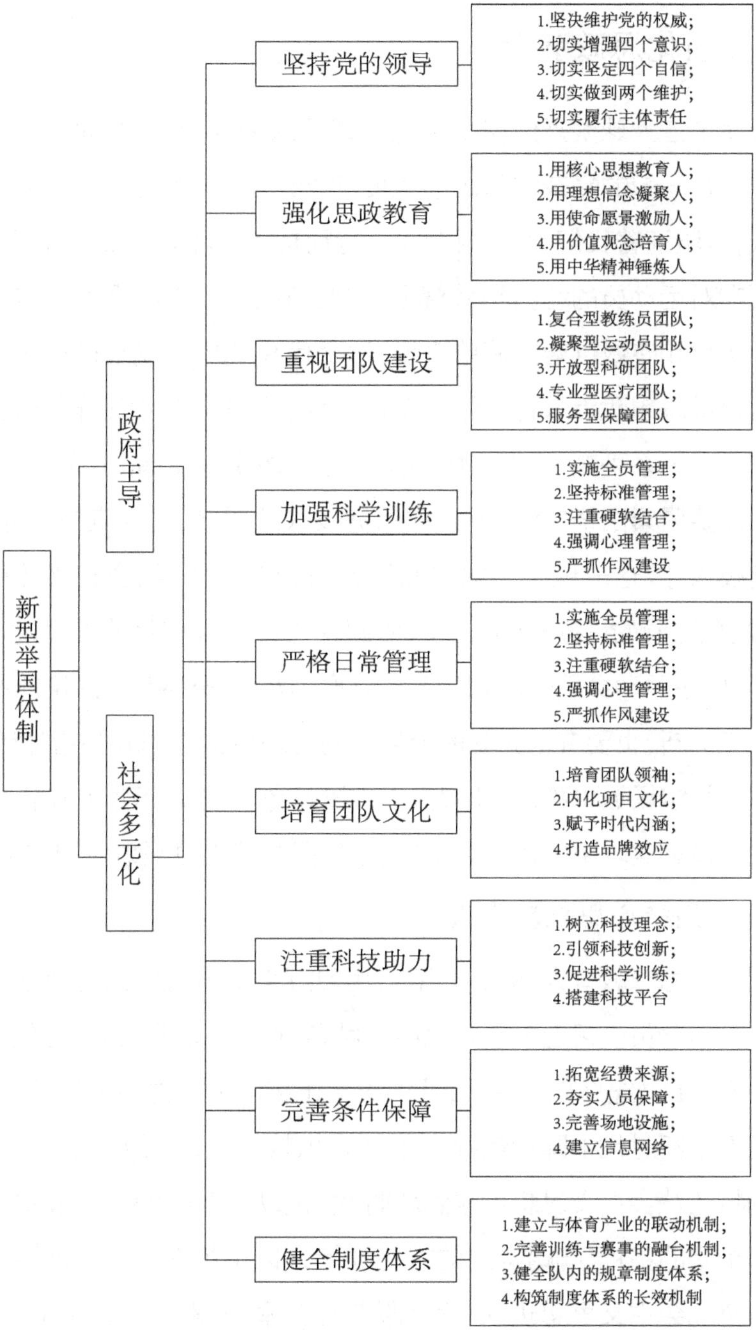

表 4　天津市三大球运动队振兴建设新模式

二、强化思政教育

天津市三大球振兴处在了实现体育强国梦的历史关键时刻，机遇和挑战交织在一起的复杂性和凶险程度前所未有，这既考验着我们的韧性和勇气，也验证着我们的思想和方法，特别是为实现天津市三大球振兴的诉求而在对运动员的培养和教育上，需要持续创新以实现人才培养体制机制的优化和有效供给。简单来说，这个优化和供给就是进一步强化新时代运动员思想政治教育工作。新时期运动队思想政治工作与过去相比虽然发生了一系列变化，但本质要义没变、目标没变。新时期运动队思想政治工作要紧紧围绕“培养什么样的竞技人才、如何培养竞技人才、为谁培养竞技人才”这一现实问题域而展开，只有与现实结合起来才能在现实中“避免空洞的说教和形式主义的假象”，以实现应然的教育功能。那么，如何构建运动员思政教育体系，本研究认为，既要有方法论的科学选择与守正创新，也要有世界观的价值指向与理性锚定，即在中国特色社会主义这一特定场域中构建，要服务于中国特色竞技体育建设、中国特色职业体育建设和实现中华体育强国梦、中华民族伟大复兴事业的实际需要。

（一）用核心思想教育人

用核心思想教育人，就是要坚持用习近平新时代中国特色社会主义思想教育运动员。习近平新时代中国特色社会主义思想是“当代中国马克思主义、21世纪马克思主义，是中华文化和中国精神的时代精华”。坚持用习近平新时代中国特色社会主义思想教育人，就是要把习近平新时代中国特色社会主义思想贯穿到新时代“运动队”思政教育活动的始终，以实事求是的精神、脚踏实地的态度和持之以恒的毅力使习近平新时代中国特色社会主义思想进入“运动队”的主体、要素、关系、环节、过程和结构之中，从而形成总体上的教育合力和整体性的教育质效，使新时代“运动队”成为名副其实的、系统的、夺标育人的思想政治教育阵地。

（二）用理想信念凝聚人

用理想信念凝聚人，就是要坚持用党的理想信念凝聚运动员。中国共产党人在百年发展中创造了一个又一个奇迹，取得了一个又一个胜利，其原因离不开中国共产党人具有崇高的理想和坚定的信念以及由此而衍生的自觉行动，这是中国共产党人特有的精神品质和信仰力量。发挥党的理想信念的凝聚功能，就是教育引导国家队运动员增强责任感、使命感和荣誉感，让天津三大球从业人员“看清楚过去我们为什么能够成功、弄明白未来我们怎样才能继续成功”，从而坚定自身的理想信念，与党和人民共存在一条共同的奋斗之路上，把自己的青春力量融入中华民伟大复兴和中国特色社会主义共同理想和信念之中，充分展示新时代中华体育健儿“使命在肩、奋斗有我”的风采。

（三）用使命愿景激励人

用使命愿景激励人，就是要坚持用明确的奋斗目标激励运动员。干事创业要明确奋斗目标，树方向才可谋长远，统筹谋划各项工作，合理制定长期目标与阶段性目标并为之矢志奋斗。例如，王宝泉担任天津女排主教练后，提出的第一个奋斗目标就是“要拿下全国冠军”，后来又接续提出“冲出亚洲，走向世界”及“保住全国冠军，实现三连冠”的阶段性目标，王宝泉不但自己下了“死决心”，还要队员立大志：“我们非要拿下全国冠军和全运会冠军不可。”天津女排的成功离不开她们的“自我定位”，用她们的一句话就是“没有行动的愿景是一个梦想，没有愿景的行动是一场噩梦”。可以说，目标明确，就是把发展愿景转化为具体行动，就是要用实现“夺取全国冠军，保住全国冠军”奋斗目标为指引激发队员的活力和动力。

（四）用价值观念培育人

用价值观念培育人，就是要坚持用社会主义核心价值观培育运动员。

社会主义核心价值观是中国特色社会主义所固有的精神内核和道德规范要求。无论是国家层面上的富强、民主、文明、和谐,社会层面上的自由、平等、公正、法治还是公民个人层面上的爱国、敬业、诚信、友善,都不是孤立存在的价值指向和德性规范,而是构成一个文化主体生存所依赖的价值时空。坚持用社会主义核心价值观培育人,就要使运动员认知和认同社会主义核心价值观,使运动员实现社会主义核心价值观的自觉,塑造与中国特色体育发展相匹配的品德、公德和大德。这是新时代天津市三大球运动队思政教育实践必须坚持不懈和持之以恒的价值导向。唯有此,才能打造"一条心、一盘棋、一股劲、一家亲"的竞训氛围,进而培养造就大批堪当时代重任的三大球项目接班人。

(五)用中华精神锤炼人

用中华精神锤炼人,就是坚持用一代代中华体育健儿创造的中华体育精神锤炼运动员。中华体育精神,是以"为国争光、无私奉献、科学求实、遵纪守法、团结协作、顽强拼搏"为主要内容。历史经验也昭示,"用思想育人、用精神育人"是竞技体育人才培养的关键步骤,绕不过去,也是支撑竞技体育辉煌成绩的重要法宝,无可替代。例如,袁伟民的"人球皆练"理念。所谓"人球皆练",是指"抓思想与抓训练同步"。袁伟民认为"做好运动队伍的思想工作是成绩取得的重要保证,一定要把思想工作和精神工作渗透到训练中去"。实践也充分证明,从"思想"着手"育人",既是培养全面型排球人才的重要环节,也是取得辉煌成绩和项目可持续发展的重要法宝。

三、重视团队建设

三大球属于集体球类项目,集体球类项目若想取得优异成绩,关键就在于"集体"两字上。现代三大球运动发源于工业革命以后,西方国家尤其是工业文明发达的国家,三大球能够蓬勃发展,主要原因就是有相对深厚的工业文明和工业化的土壤。工业文明的“组织集中化和生产集约化”的特点,也决定了三大球项目的“团队合作”本质。团队合作说起来简单,但做起来很难,其外在表现不仅包括对资源的科学性配置、团队的精细化管理、部门的有序性配合,还包括每一位队员通过长期的磨合,从而展示繁杂、娴熟的技战术配合,发挥出“1+1>2”的神奇功效。也就是说,三大球项目从来不是靠单打独斗,也从来不是靠几个人拼搏努力的结果。从外部说,需要全社会协同。从内部说,需要有高水平复合型教练团队、凝心聚气的运动员团队、强力支撑的科研攻关团队、医疗服务团队和保障服务团队以及各团队间的相互配合。

(一)复合型教练团队

在教练员团队建设上,要打造以“权威教练”为核心的复合型教练团队。俗话说:“千里马常有,而伯乐不常有”,有一个权威的教练或威信的领队对于运动队来说至关重要,甚至说决定成败也不为过。如天津女排的王宝泉等。对于主教练来说,除了具备专业的技术之外,更要沉迷于足篮排事业,要热爱教练工作,要时刻琢磨项目发展,要时刻琢磨队员发展。借用王宝泉妻子对王宝泉说的一句话:“你啊,你眼睛里只有排球。”王宝泉的执教生涯“几乎所有的兴奋点都踩在排球上”,他用“追求需要入迷”的强烈的事业心态和忘我的境界,为新时代教练员自身修养指明了方向。同时,教练团队也要有与时俱进的学习心态,不要“吃老本”。对此,“十四五”体育发展规划中也明确提出:“加强教练员学院建设,鼓励各级各类教练员培训机构发展,强化教练员培训。”

(二)凝聚型运动员团队

在运动员选人用人上,首先,要严把入队关。坚持选用公廉,公开运动队选拔的原则、要求、程序、方式、条件以及人选、推出结果,接受社会监督,确保选拔工作公开透明、公平公正。其次,要做到知人善任。“骏马能历险,犁田不如牛”,把每一个零件放到最合适的位置上,寻找出最佳排列组合，组装成一部运转最快、性能最好的机器，是集体项目的教练员所需要具备的真本事。这就需要教练员对所有队员的知识水平、技术特点、思维方式和性格特征了如指掌。再次，要镌刻团队。集体球类项目除了比技术之外，很重要的一条就是“比团结”。集体项目成功的关键是“团结”，要通过切实可行的办法（而不是天天说教）消除误解、隔阂和矛盾，更要避免人为制造离心力，全体人员凝心聚力，拧成一股绳。例如，王宝泉通过“经常变换队员住房组合”，“创造平等相处的氛围”“不搞有形的具体的评比”等来强化团队凝聚力。最后，打造尖子队员。三大球项目拿冠军，没有尖子不行，内行人判断一支球队能不能拿冠军，首先要看你这支队伍有没有够世界级水平的尖子队员，尖子队员是场上的骨干和核心，是战斗中的坚强堡垒，往场上一站，就令对手望而生畏，造成心理上的压力，并给本方带来信心和希望。天津女排的李珊、张娜等都是很好的例证。因此，要“培养令对手望而生畏的尖子”。如何培养尖子队员？王宝泉曾经说过“尖子是长期高水平训练、摸爬滚打出来的”，“只有根据比赛需要，动真格儿的，才能真正磨炼队员，培养出尖子”。天津女排的新核心——李盈莹，就是王宝泉打造出来的令对手望而生畏的尖子。

（三）开放型科研团队

天津市三大球振兴是一项系统工程，在备战中科研攻关团队建设至关重要。在具体实践中，要坚持以备战为牵引，紧盯三大球需求，紧紧围绕“备战需要什么，科研重心就转向什么；竞争力瓶颈在哪里，科研力量就攻关到哪里”的原则，依托地方高校、科研院所、数据中心、信息机构等，推动形成“多学科综合、多专业融合、多领域交叉”的三大球科研攻关联合体，着力打造横纵高效、互联互通的“矩阵式”三大球科研攻关新模式。同时，要敢于尝试构建“揭榜挂帅”机制，探索先进技术通过试验试用快速应用到运动队制度，打通从“项目”到“赛场”转化的链路，促进更多科研成果快速转化为“竞争力”，切实发挥科研团队服务三大球竞争力的“倍增器”作用。

（四）专业型医疗团队

专业型医疗保障团队是保障运动队取得优异成绩的重要力量。从某种意义上讲，现代竞技体育的竞争不仅仅是赛场上的竞争，还有赛场外包括先进特色医疗保障在内的软实力的竞争。换句话说，“消除疲劳和控制伤病”也是竞技体育赛场必争之地。在实践过程中，要改变“运动员的保障以治疗为主”的观念，要建立起端口前移的“运动员的保障以预防为主”的观念，及早介入运动员的健康状况，从运动损伤、运动康复、营养保障、心理健康等方面综合考虑，制订一对一的个性化诊疗方案。同时，要推动形成“一线队医—医疗专家—体育医院—指定医院”多层次的运动队医疗服务保障体系，目标就是为运动队提供快速便捷、全方位、多层次的服务保障。

（五）服务型保障团队

优秀的运动队离不开优秀的后勤保障团队。运动队后勤保障团队涉及场地设施器材、食宿服务、安全服务、参赛器材服装、突发事件处理等保障工作，是运动队建设管理的重要环节，也是运动队竞赛成绩取得的关键要素，我们要在思想和行动上重视后勤保障团队的重要性。在打造服务型保障团队过程中，要坚持一切“以训练为本，以备战为本，以运动员为本”的理念，坚持“标准化、精细化、规范化”的原则，要根据队伍所需，切实发扬求真务实的工作作风，不断提高运动队保障的服务水平和品质。同时，要强化底线思维，切实筑牢兴奋剂安全防范意识，绝不为“兴奋剂”提供任何方便，绝不为“兴奋剂”提供任何机会，确保运动员干干净净地参加任何比赛。

四、加强科学训练

天津市三大球振兴是体育强市建设的重要标志，直接影响天津市在全国的竞技话语权。放眼世界,每一个国家竞技体育成绩取得的背后都是“练！练！练……”但同样的器材装备、同样的训练时间、同样的保障条件,不同国家却在训练质效上存在差距。究其原因,关键在于“训练是否科学”。也就是说,“练兵之要,贵在得法”,如果把训练成果比作一棵树,那么科学训练就是滋养其成长的沃土。随着运动队装备科技含量和信息化程度越来越高,各级尤其是基层运动队在训练中应注重科学、讲求效益,立起“让数据说话”“让事实说话”的训练理念,突出精细化、规范化、专业化训练,探索“科技+”“网络+”“开放+”“标准+”训练方法,让每一次训练都打出效益,让每一本计划都开花结果。

(一)创新训练理念

科学训练的前提是训练理念要创新,训练理念创新就是指革除旧有的既定看法和思维模式,以新的视角、新的技术、新的方法和新的思维模式,形成新的结论或思想观点,进而用于指导新的训练实践的过程。事实上,科学训练本身既是一种手段,也是一个理念,还是一个目标。新时期三大球科学训练的理念就是坚持新发展理念,从队伍建设实际出发,把创新、协调、绿色、开放、共享的新发展理念贯穿三大球发展全过程。各运动队要根据队伍建设实际,内化新发展理念,探索符合自身的训练理念。这里提出一个“差异化”训练理念,其核心要义就是通过横向和纵向对比,找差距,找原因。也就是说,从实际情况出发、从实战需要出发,在实践中检验所学、在实践中发现问题、找到差距,在具体问题和差距面前出实招、办实事、求实效,进而形成适合自己的训练理念。

(二)创新训练方法

训练方法手段是落实训练内容、达成训练目的的“桥”和“船”。创新运用方法手段,是推动三大球训练创新发展的必然要求。这里提出两个训练方法手段:一是强化对抗性;二是检验性训练。适应训练内容的现实针对性和战训一体、深度耦合的实战化要求,通过构设逼真战略博弈环境、运用对抗训练模拟队伍,加强实案化对抗训练,巩固深化三大球对抗训练方法和路子。同时,围绕构建一体化天津市三大球运动队建设战略体系,探索构天津市三大球运动队战略体系“联训模式”,加强重大赛事的跨地区跨部门战略训练,促进天津市三大球运动队综合实力和战略能力的整体运用。当然,训练方法创新需讲科学,教练员必须不断学习研究,向书本学习,向助手、同行、自己实践学习,做到在学习中创新,在实践中创新。

(三)创新训练技术

技战术创新是灵魂,技战术创新是发展的动力。对于三大球来说,要结合运动员特点创新形成符合自己特点的技战术。国内外经验表明,特色技战术会让这支球队优势更加明显。例如,王宝泉在天津女排已有技战术的基础上,引进了一些男队的技战术,尤其在拦网上强调学习男子动作;同时,强化大数据、云计算、人工智能、虚拟现实等信息技术的发展及其在训练中的应用,丰富科学训练的方法手段。当然,在训练中也不能“天天变花样,搞搞花架子”,不要一看到别人用新技术、新战术,立即就“跟”、马上就“套”,要从自己的实际情况出发,判断和谋划自己该走什么道路。

(四)坚持“三从一大”

科学训练的另一个重要内容,就是要坚持“三从一大”科学训练原则。“老路并不一定就是坏路,新路也不一定就能平坦。”现在来看,“三从一大”训练原则绝不过时,也绝不能丢,它需要科学的认识和科学的坚持。“三从一大”训练原则是具有中国特色的指导运动训练的基本原则,是我国竞技体育多年训练探索的经验概括和理论升华,是运动训练基本规律的反映并在训练实践中不断深化、完善和发展。因此,我们要坚持“三从一大”科学训练原则,深刻理解“三从一大”的科学内涵,准确把握三大球运动项目特征,借鉴国际先进训练经验,根据自身实际创新训练理念、方法和技术，加强科技助力，强化体能训练，恶补体能短板，最大限度提升训练质量和效益，在“借鉴”“认识”“理解”“创新”中提升三大球科学训练水平。

（五）强化体能训练

“十四五”体育发展规划明确提出：“强化体能训练，恶补体能短板，最大程度提升训练质量和效益。”教练团队要不断学习现代先进体能训练理论，积极创新体能训练方法手段，精心打造体能训练“套餐”，不断激发运动员体能训练的积极性和主动性。要大力宣扬体能训练的重要性和必要性，引导运动员充分认清搞好体能训练是提高综合素质的先决条件。要通过多途径调动运动员的参训热情，使队员完成从“要我练”到“我要练”的转变。针对体能训练多为单一性、重复性运动的实际，在积极克服厌训情绪的基础上，按照“有度、有序、有量”的要求，采取“集中强化训练、持续循环训练、游戏竞赛训练”等方法，“分层次、分层级”进行“以比促训、以考代训”，确保运动员的素质全面发展。

五、严格日常管理

“十四五”体育发展规划在竞技体育板块中明确提出要“严把入队关、严把思想关、严把训练关、严把生活关、严把管理关、严把纪律关”。“六严”原则为三大球运动队的日常管理指明了方向，要把“严”字贯穿三大球运动队建设的方方面面。国内外三大球发展实践经验告诉我们，“有兵不练，与无兵同；练兵不严，与不练同”。平时善于磨剑，战时才敢亮剑；平时练硬本事，战时才能制胜。特别是面对强敌，要想战而胜之，唯有严练更强更硬的本领招法。现实生活中，那些平时看起来练得很好、考核成绩也不错的队伍，在复杂环境、真打实抗条件下之所以败下阵来，就是因为平时训练不严，没有跳出训练的“舒适区”。因此，要从严实施运动队日常管理。

(一)实施全员管理

运动队日常管理的目标与对象主要是人。很多时候,我们所提及的严格日常管理主要针对运动员,这个思维逻辑必须改变。事实上,严格日常管理的对象是运动队所有人员,包括教练员、运动员、办公人员、医疗人员、保障人员等。为了使管理者与被管理者都能明确自己的责任与义务并自觉主动地执行,各司其职地做好各自的工作,必须要制订"运动队行为准则与道德规范",并让运动队全体人员自觉遵守执行,这是从严实施运动队日常管理的基础和前提。因此,要针对不同群体制订行为准则和道德规范。例如,运动员行为准则,是指运动员在训练学习、执行任务、参加比赛以及业余生活等方面应对当遵守的原则。

(二)坚持标准管理

高标准管理,是一个观念、一个目标,也是一个做法。也就是说,为了有组织地实施训练,维持正常的秩序和纪律,使天津市三大球运动队持久保持战斗力,除了进行思政教育外,还需要依法依规管理,强化用标准引领管理。针对日常队务、生活秩序、训练竞赛、培训学习、训练基地、环境卫生、营养膳食、外出管理、假日管理、社交管理等诸多领域进行规范化标准化体系建设,形成目标统一、分工明确、相互协作和运转高效的强大制度体系,为运动队各项工作的开展提供坚实的依据,真正做到三大球运动日常管理有章可循、有法可依。

(三)注重硬软结合

善治理论强调要"以人为本"。也就是说,运动队管理不能单纯用传统的"命令—服从"型的"硬管理",应该在坚持"命令—服从"型带队方式的同时,还要强调"领导—追随"型的"软管理",要把人作为最优先考虑的问题,要重视培养履行运动员职责所必需的基本精神,如集体主义精神、主动进取精神等,要激发运动员对运动队建设的参与意识,要经常召开“交流会”，互换意见，关心关爱每一位队员，及时消除彼此间的隔阂。例如，王宝泉在管理上强调“集中”，但在技术上主张“民主”，经常组织队员对训练计划和技术问题进行讨论，让老队员谈技术，让队员自己拟定作战方案等。

（四）强调心理管理

现代管理学认为，各项管理活动能否顺利进行，在很大限度上取决于人的心理状态。因为，任何管理活动都必须对人的心理施加一定的影响。面对三大球发展日趋复杂化，我们提倡运动队管理者必须重视研究解决运动队所属人员的各种心理问题，强调遵循和把握人的心理规律来实施日常管理，遇到心理问题要及时解决，真正做到“问题不过夜”。例如，从运动员群体看，现代运动员与过去的运动员大不相同，应重视从心理学的角度把握所属人员的性格、气质和能力特征，在训练中应做到因人而异，因“质”施教，能根据不同人的不同气质类型，来选择不同的施教方法，以便调动运动队全员的积极性，提高运动队日常管理的效益和训练的成绩。

（五）严抓作风建设

新时期天津市三大球运动队面临纷繁复杂的国内外发展环境，西方价值观的渗透、资本性诱惑等为天津市三大球运动队管理带来了前所未有的挑战。因此，更要突出“全面从严”的作风管理。一是强调纪律性。强化运动员组织观念和纪律意识，认真遵守自媒体发布、广告代言、兴奋剂管理等纪律要求，打造纪律严明的“铁军”。二是注重经常性。强化运动队每日生活制度，狠抓运动员队风队纪和日常养成，切实规范训练、竞赛、学习、生活四个秩序，尤其要更加关注对知名运动员、骨干运动员的管理，确保不出现脱离管理的特殊运动员。三是突出引导性。要坚持依法带队、以情带队、文明带队，要切实关注运动员身心健康，积极协调妥善解决运动员的生活所需和实际困难。

六、培育团队文化

对于团队而言，形成稳固文化，才能基业长青。团队文化是天津市三大球运动队长期形成的共同理想、基本价值观、作风、生活习惯和行为规范等。一个具有优秀文化的运动队，往往在比赛过程中显示出高涨的士气。队员对运动队具有强烈的归属感、一体感，可以将自己的前途与运动队的命运联系在一起，愿意为运动队的利益与目标尽心尽力。队员对运动队具有较好的忠诚度，决不允许有损害运动队利益的事情发生，并且有集体荣誉感。因此，培育团队文化是天津市三大球运动队发展的精神保障。

（一）培养团队领袖

对于三大球运动队而言，应具备拥有高水平专业技能、高效能管理才干以及高素质人格魅力的团队领袖，其作用在于：选择团队成员时，会侧重那些与其具有一致想法和认知的人；并将自己的思维方式和行为方式传递给团队成员；同时，充分发挥自身的榜样作用，使得团队成员对于其想法和行动产生认同，进而内化为自己的认知与表现。因此，具有卓越影响的团队领袖是运动队文化培育的基本条件。王宝泉出生于天津市普通家庭，通过自己的努力进入天津男排，继而入选国家队，在全国赛中表现十分出色。退役后从助理教练成长为天津女排的主教练，凭借独具特色的魔鬼训练法带领天津女排创造了一次又一次奇迹，同时培养出李珊、张娜、李盈莹等优秀女排运动员。

（二）内化项目文化

运动项目是体育精神和体育文化得以展示和传播的重要媒介。不同运动项目由于其规则不同，在比赛时间、场地、节奏以及裁判判罚等诸多方面都表现出截然不同的特征，这些特征将对运动员产生较为深刻的影响，小至行为习惯，大至性格养成。围绕着项目文化使得团队成员建立一致的价值观是团队文化形成的情感基础，是提升团队凝聚力的重要方式。

与乒羽运动的机敏、体操选手追求完美不同，排球运动员在训练和比赛中体现出了一种不追责的宽容，这种独特的项目文化有助于团队协作。排球规则规定，比赛中每队场上6名球员，每位球员都要按照顺时针方向轮换，既要到前排拦网与扣球，也要轮换到后排防守与接应；每位队员不得连续击球两次（拦网时除外）。在这种规则的影响下，每位运动员必须将精力集中于场上队友的表现和配合。在这种项目文化驱使下，天津女排运动员一致形成了相互包容、理解，集体智慧最大化的价值观。

（三）赋予时代内涵

价值观是团队文化建设的情感基础，然而团队文化并不是简单的价值观体现，它的内涵需要在时代变迁过程中不断进行调整与完善。而在中国女子排坛上，有这样一支队伍，她们都是普通姑娘，却被市民称为"城市英雄"，驰骋排坛多年，摘得了无数的桂冠。翻遍中外女排的历史，还没有第二支队伍能有这样旺盛的生命力，能够这样长久地发展。创造这个奇迹的就是天津女子排球队，六十多年来，几代教练员、运动员接续奋斗，厚积薄发，在国内外赛场上取得了骄人的成绩，铸就了"锐意进取、迎难而上、顽强拼搏、争创第一"的天津女排精神。这种精神显示了历经磨炼的过往，体现了自强奋斗的今天，它早已飞出赛场，化作一声嘹亮的号角，回响在津沽大地，汇入了中华民族一往无前、顽强奋进的浩荡征程中。

（四）打造品牌效应

在经济全球化进程不断加速的形势下，独居一隅求发展是不切实际的，积极拓宽宣传渠道，展示团队形象，打造文化品牌势在必行。基于目前5G传播新时代，充分利用官媒+自媒体、线上+线下、官方+民间等多种方式，通过开展主题展览，建设项目博物馆等渠道深入弘扬项目所蕴含的时代内涵，对项目文化与团队文化进行深刻解读，讲好各运动项目故事，充分展示各运动队良好形象，打造具有广泛群众基础、极具感染力和感召力的社会主义先进文化品牌。

七、注重科技助力

体育事业的发展是一个国家或地区综合实现的直观体现。在国际化的今天,科学技术大大推动了体育事业的发展。对于竞技体育而言,科技进步是促进与推动竞技体育运动水平增长的主要动力。习近平总书记在关于体育和科技工作的系列讲话中与批示精神中多次强调,坚持实施创新驱动发展战略,以科技与运动深度融合为主线,全面提升运动队科技助力工作的意识和水平,全面强化科技创新对运动队的支撑和保障,推动新技术和高科技的应用。

(一)树立科技理念,引领科技创新

虽然科技助力已经成为各运动队训练的重要手段,以科技促发展、以科技补短板已经成为各运动队训练过程中的共识。但是如何抓住机遇、找准问题和高效发展,如何将科技助力的顶层设计切实落实在具体项目和具体运动员的悬链中,如何兼顾赛前备战训练和赛事长期发展是各运动队面临的关键问题。要高度重视赛前备战的短期效应和可持续发展的长期效应,要高度重视科学技术对运动队训练的引领作用,积极进行科技人才选拔与重大项目科学研究工作。在进入东京奥运会周期时,国家体育总局提出了“科技助力奥运备战”的整体部署,要求各国家队要高度重视训练的科学设计、科技助力和完善的服务保障。在东京赛场上中国代表团所取得的优异成绩与科技助力理念是分不开的。

科学技术创新是指在运动队日常训练、赛前准备与赛事参与过程中创造和应用新知识、新技术和新工艺等。在我国大力提倡创新驱动的背景下,推动科学技术创新是各运动队建设过程中关注的焦点。众所周知我国举重队在东京奥运会上斩获七金,加压冷疗仪、微压氧舱、漂浮舱等高科技设备是其夺金的得力助手。北京冬奥赛事转播更是使用了信号制作新应用、数字媒体新服务、传输技术新功能和运转波服务新能力,应用

了AI时间切片三维回放、运动数据跟踪、多摄像机位回放系统、无人机运动拍摄传输和虚拟图形技术分等特色应用场景和技术。然而目前很多科技领先的产品基本都是国外制造的,我国还缺少具有自主知识产权的重大科技创新成果。

(二)促进科学训练,搭建科技平台

习近平总书记强调:"要坚持创新驱动,推动产学研结合和技术成果转化,强化对创新的激励和创新成果应用,加大对新动力的扶持,培育良好创新环境。"

随着科学技术在体育领域中的不断渗透,科学化训练方法与手段在运动训练中的作用显得尤为重要。科学化训练对于各运动队竞技水平提升具有积极的促进作用。在备战北京冬奥会的关键时期,我国提出了建设竞技体育复合型训练团队。该团队通过采用联合公关、定点服务、科研课题等工作模式,大大提高了运动训练科学化水平,同时提升了各项目训练参赛水平。

对于天津市三大球运动队而言,应充分利用国内外体育科技资源,建设开放型科技助力创新合作平台。扩大多层次、多渠道的国内外合作与交流。运动队可以与各体育科研院所、高等院校构建合作模式。另外,要充分引进国际先进技术和人才,推动长期稳定实质性的国际体育科技创新合作与交流,快速提升科技助力工作的质量和水平。

八、完善条件保障

(一)拓宽经费来源

运动队的经费主要是指运动队用于完成工作任务所需要的费用。运动队的经费来源主要有政府财政拨款、社会捐赠、商业赞助等。一直以来三大球运动队在经费来源的获取上存在等、靠、要现象,主要依靠于政府财政拨款,后续要积极拓宽经费来源渠道,如吸引社会力量捐赠、向社会

资本融资、寻求企业赞助等。

(二)夯实人员保障

天津市三大球运动队日常工作运转需要的保障人员类型是较为多元化的,需要科研人员、医疗康复人员、专职翻译人员、新闻传媒工作人员、市场开发人员等。上述人员为运动队提供不同层面的专业保障,缺一不可。因此,积极招募与甄选各层面的专业人才,建立复合型人才团队是关键,同时要建立不同专业人员的激励机制以激发其工作的积极性。我国乒乓球队近年来积极打造医疗康复复合型团队。围绕伤病康复和体能恢复吸纳了中医、西医、康复理疗、按摩、营养、生理生化等各界专业人士,覆盖运动伤病的预防、诊断、评估、治疗、康复的各个环节,为运动员伤病康复和体能恢复提供了专业的技术保障。

(三)完善场地设施

管理人员、教练员等应积极推动天津市三大球运动队训练基地改革,通过整合资源、调整结构、优化职能,打造和提升训练基地的核心竞争力,提高训练服务的科学化水平。同时,应充分利用信息技术时代的大数据智能技术,加快推进运动队训练场馆、器材、设备等智能化改造和升级,实现智能场馆的环境控制、视频图像快速反馈、体能定量监控、运动技术智能分析、运动疲劳和有效康复等现代化功能。如国家速滑馆就是智慧场馆中的典范,在工程建设阶段,场馆应用 BIM 技术、机器人技术,先后破解索网屋面、幕墙系统、制冰系统等建设难题;在软件建设上,北京建院和中科院软件所联合研发的“超级大脑”,在接入 36 个系统、近十万点实时数据后,场馆做到了“有感觉,会呼吸,有记忆,会思考”。

(四)建立信息网络

在竞技体育市场化的背景下,天津市三大球运动队管理工作量和管理难度比之前更大。如何运用网络技术与数据库技术,对运动队进行科学的信息化管理,提高工作效率和管理水平已经成为各运动队管理工作亟待解决的问题之一。因此,应建立包括有教练员基本信息、运动员基本信息、训练计划信息与比赛信息的信息系统。河北省运动队研制了运动训练信息管理系统用于进行信息采集以及存储和分析各种训练数据,以便对运动员训练符合和技术动作进行定量分析,进而进行诊断和改进,以辅助教练员日常管理和科学决策。我国乒乓球队研制了国乒科研大数据平台,能够实现半自动数据标注,针对性进行挥拍质量评估,突破了时间和空间的限制,实现技战术和体能数据的实时共享,这种方式值得天津市三大球运动队学习。

九、健全制度体系

(一)建立与体育产业的联动机制

《体育强国建设纲要》中明确提出要盘活竞技体育市场资源,实现竞技体育国家办和市场办的创新融合,推动竞技体育市场化进程快速发展。在这一背景下,天津市三大球运动队应打破积极探索与体育产业的联动机制,建立运动队—企业—社会三者结合的合作模式,推动运动队产业化、商业化发展模式。从实际情况出发,利用运动队的资源优势,采用合建场馆、合作办队等形式,本着互惠双赢的原则,通过出售冠名权、运动器械或服装代言、场地广告等,联合企事业单位和社会力量共同经营运动队,使运动队的组织与管理、训练与比赛向市场化和社会化方向发展。

(二)完善训练与赛事的融合机制

训练与赛事相融合能够使运动员在相当时期内保持良好的竞技状态,创造优异成绩。运动员经过长期的赛练融合训练能够逐渐适应比赛要求的节奏,使得训练更符合现代训练和比赛的体制。因此,教练员在制定训练计划、安排训练时应充分考虑到比赛因素,都应将比赛安排在训练的各个阶段中,使训练过程有比赛安排,在比赛过程中又体现有目的的训练意图,做到训练和比赛紧密结合,达到在训练与比赛过程中运动员的生理、心理、技术、技能水平等因素均得到综合且均衡的提高。

(三)健全运动队的规章制度体系

制度是各运动队为了维护正常的工作、劳动、学习、生活的秩序,保证运动队各项工作顺利开展,依照法律、政策而制定的具有法规性或指导性与约束力的应用文。制度具有指导性和约束性,能够告诉运动队的成员应该做什么,不应该做什么以及违背了会受到什么样的惩罚;还具有鞭策性和激励性,可以鞭策和激励运动队成员能够遵守纪律、勤奋工作;另外还具有规范性和程序性,对实现工作程序规范化、岗位责任法规化、管理方法科学化起着重要作用。制度建设对于运动队竞技水平的提高具有积极的促进作用。因此各运动针对人才选拔、训练管理、日常管理、伤病管理、流动管理、退出机制等应建立相应的制度。江苏省运动队建立了严格的申报审核制度、调整了编制管理制度、建立了经费支持制度以及训练管理制度等,对于队伍建设起到了至关重要的作用。

(四)构筑制度体系的长效机制

制度的生命力在于执行,再完善的制度,如果只停留在字面,也就失去了真正的意义。因此,三大球运动队应将制度的执行作为提升制度建设的重要手段。首先,要加强对制度的宣传,使队员深刻领会各项制度精神,增强制度意识,形成自觉遵守的良好氛围;其次,加强制度运行机制建设,完善各项制度的自查自纠、督促检查、考核奖惩等体系建设,真正把制度要求转化为自律要求,把制约转化为自觉;另外,可以考虑建立制度的反馈评价机制。通过专项调研、民意测评、谈心谈话等方式了解队员对于制度的认可程度以及制度在执行过程中存在的问题,适时对各项制度进行修订与完善。制度要做到权责分明,依据制度认定责任,准确分清责任主体,一旦出现违反制度等情况,要实施从严要求、一追到底的追责机制,切实发挥制度的震慑力和约束力。

参考文献

[1]习近平.思政课是落实立德树人根本任务的关键课程[M].北京:人民出版社,2020.

[2]国务院办公厅.关于强化学校体育促进学生身心健康全面发展的意见[EB/OL].http://www.moe.gov.cn/jyp-xxgk/moe-1777/moe-1778/201605/t20160507-242349.html.2016-04-21.

[3]中共中央办公厅国务院办公厅.关于深化新时代学校思想政治理论课改革创新的若干意见[EB/OL].http://www.gov.cn/zhengce/2019-08/14/content-5421252.htm.2019-08-14.

[4]教育部.高等学校课程思政建设指导纲要[EB/OL].http://www.gov.cn/zhengceku/2020-06/06/content-5517606.htm.2020-05-28.

[5]习近平谈治国理政(第二卷)[M].北京:外文出版社,2017:378.

[6]习近平.决胜全面建成小康社会争取新时代中国特色社会主义伟大胜利[N].人民日报,2017-10-28(001).

[7]许瑞芳.一体化视角下高校课程思政建设的四个维度[J].中国高等教育,2020(8):6-8.

[8]教育部.关于加快建设高水平本科教育全面提高人才培养能力的意见[EB/OL].http://www.moe.gov.cn/srcsite/A08/s201810/t20181017-351887.html.2021-07-02.

[9]李昕.统筹推进大中小学一体化　推动思政课建设内涵式发展[J].中国高等教育,2019(7):10-12.

[10]高德胜.教育方式一体化与教育内容一体化同样重要[J].福建教育,2019(16):16.

[11]吴宏政,徐中慧.论大中小学思政课教师队伍一体化建设[J],现代教育管理,2020(7):15-21.

[12]王结春等.传承与发展:新时代"女排精神"的逻辑演进和价值传承[J].安徽师范大学学报(自然科学版),2021,44(6):582-587.

[13]朱晓林,葛翠柏.新时代中国女排精神的伦理内涵与价值旨向[J].南京体育学院学报,2021,20(7):22-26.

[14]王明辉等.论女排精神的时代价值及弘扬路径[J].南京体育学院学报,2021,20(6):25-28.

[15]郭晓培,钟秉枢.我国高校高水平运动队发展探析[J].体育文化导刊,2022(3):58-64.

[16]乔曦,梁勤超.美国高校高水平运动队建设经验与启示[J].体育文化导刊,2022(2):42-47+83.

[17]韩强.科技冬奥与转播创新——兼论北京冬奥会对体育赛事转播的未来影响[J].中国广播电视学刊,2022(4):18-23.

[18]杨国庆等.中国竞技体育复合型训练团队的发展问题与创新路径[J].中北京体育大学学报,2020,43(6):10-19+34.

[19]于炳德等.科学化:中国运动训练发展的孜孜以求——陈小平教授对话录[J].体育与科学,2022,43(2):56-62.

[20]马海峰,吴瑛.基于"竞技状态"的中国特色运动训练过程安排理论[J].上海体育学院学报,2022,46(3):39-49.

[21]钟亚平等.数据驱动精准训练:理论内涵、实现框架与推进路径[J].体育科学,2021,41(12):48-61.

[22]林岭等. 科技助力我国越野滑雪运动员备战北京冬奥会的着力点与对策[J]. 北京体育大学学报,2021,44(3):17-26.

[23]郑念军等. 数字化竞技实力平台的研制与应用[J]. 山东体育科技,2020,42(6):1-7.

[24]苑廷刚等. 科技助力国家田径队智能化训练场馆建设需求和功能设计研究[J]. 北京体育大学学报,2020,43(7):105-115.

[25]田野. 中国竞技体育金牌战略:发展与转型——优势项目、体能项目、"三大球"项目? [J]. 体育科学,2013,33(12):3-4.

[26]杨桦. 我国竞技体育三大难题及破解思考[J]. 体育科学,2013,33(12):8-9.

[27]保罗・萨缪尔森,威廉・诺德豪斯. 微观经济学[M]. 北京:人民邮电出版社,2012:96-97,177-184.

[28]保罗・克鲁格曼,茅瑞斯・奥伯斯法尔德. 国际经济学:理论与政策[M]. 北京:中国人民大学出版社,2013:68-69.

[29]林毅夫. 新结构经济学:反思经济发展与政策的理论框架[M]. 北京:北京大学出版社,2012:95-98,118-142,237-254.

[30]刘世锦. 把市场在资源配置中的决定性作用落到实处[J]. 经济研究,2014,49(1):11-14.

[31]刘伟. 经济失衡与深化改革[J]. 经济研究,2014,49(1):19-20.

[32]苏剑. 经济发展的内在逻辑和正确路径[J]. 经济研究,2012,47(11):157-159.

[33]鲍明晓,李元伟. 转变我国竞技体育发展方式的对策研究[J]. 北京体育大学学报,2014,37(1):9-23+70.

[34]黄竹杭. 世界杯给我国职业足球发展的启示[J]. 北京体育大学学报,2015,38(1):120-123.

[35]De Loecker J. Detecting learning by exporting[J]. American Eco-

nomic Journal: Microeconomics, 2013, 5(3): 1-21.

[36]洪银兴. 论市场对资源配置起决定性作用后的政府作用[J]. 经济研究, 2014, 49(1): 14-16.

[37]张兴泉. 制度环境视角下我国校园足球政策执行纠偏策略研究[J]. 沈阳体育学院学报, 2020, 39(1): 88-93.

[38]邓伟志. 社会学辞典[M]. 上海: 上海辞书出版社, 2009.

[39]冯契. 哲学大辞典(下)[M]. 上海: 上海辞书出版社, 2001.

[40]魏鹤. 高校社科文库: 西方哲学和社会理论中的自然主义[M]. 北京: 光明日报出版社, 2012.

[41]王文龙. 结构功能主义视角下乡村治理模式嬗变与中国乡村治理政策选择[J]. 现代经济探讨, 2019, 52(10): 117-124.

[42]林聚任. 社会理论[M]. 北京: 中国人民大学出版社, 2016.

[43]王维等. 结构功能主义视域下现代奥林匹克运动价值的发展探索[J]. 沈阳体育学院学报, 2019, 38(1): 25-32.

[44]孟欢欢, 李健, 谢松林. 基于 AGIL 模型的传统体育组织发展研究——以上海 J 太极拳社为个案[J]. 沈阳体育学院学报, 2019, 38(3): 138-144.

[45]邵凯, 董传升, 牛杰冠. 基于符号互动理论的我国三大球积弱现象分析[J]. 山东体育科技, 2015, 37(1): 12-16.

[46]李卫东. 我国"三大球"后备人才培养的政府职能[J]. 武汉体育学院学报, 2013, 47(10): 73-76.

[47]刘传海, 刘光同. 我国"三大球"体制改革困境与抉择: 利益冲突下的多方博弈[J]. 武汉体育学院学报, 2016, 50(8): 23-28.

[48]钟秉枢等. "十三五"我国足球、篮球、排球发展研究[J]. 上海体育学院学报, 2016, 40(2): 7-12.

[49]王大鹏等. 我国校园足球改革中的政策工具选择与优化研究

[J]. 沈阳体育学院学报,2020,39(2):48-57+67.

[50]鲍明晓,赵轶龙,赵承磊. "十四五"我国"三大球"振兴发展战略[J]. 北京体育大学学报,2020,43(6):1-9.

[51]黄璐. 摆脱"软金牌"路径依赖——中国奥运战略的结构性转型[J]. 体育学刊,2016,23(5):42-49.

[52]国家体育总局. "十四五"体育发展规划[EB/OL]. (2021-10-08)[2021-1222]. https://www. sport. gov. cn/n315/n9041/n9042/n9168/n9178/c23655706/part/23656158. pdf.

[53]周碎平. 从《"健康中国2030"规划纲要》透析全民健身运动的走向[J]. 南京体育学院学报(社会科学版),2017,31(1):59-63+69.

[54]新浪新闻. 中国篮球发展报告:全国6—65岁人口中,打篮球的人口比例超一成[EB/OL]. (2021-12-23)[2021-12-25]. https://news. sina. com. cn/o/2021-12-23/doc-ikyakumx5951142. shtml.

[55]刘建和. 综述与诘问:具有中国特色的振兴"三大球"之路[J]. 北京体育大学学报,2015,38(4):118-120+135.

[56]陈林会,刘青. 制约我国三大球项目发展的瓶颈与突破路径[J]. 北京体育大学学报,2017,40(4):6-13+43.

[57]李爱群等. 理念·方法·路径:体教融合的理论阐释与实践探讨——"体教融合:理念·方法·路径"学术研讨会述评[J]. 武汉体育学院学报,2020,54(7):5-12.

[58]新华社. 2020—2021赛季中国大学生3×3篮球联赛在京启动[EB/OL]. (2020-11-19)[2021-12-25]. https://baijiahao baidu. com/s?id=1683788724322940163&wfr=spider&for=pc.

[59]柳鸣毅等. 体教融合目标新指向:青少年健康促进与体育后备人才培养[J]. 体育科学,2020,40(10):8-20.

[60]专家组. "双减"政策与学校体育发展[J]. 上海体育学院学报,

2021,45(11):1-15.

[61]邵景钰,朱富明,汪冉.三人制篮球的竞赛特征及发展趋势[J].安徽工业大学学报(社会科学版),2016,33(4):117+119.

[62]新华网体育.中国篮协三人篮球部部长尹喆:三人篮球正待"破圈"[EB/OL].(2021-09-20)[2021-12-31].http://www.xinhuanet.com/sports/2021-09/20/c_1127883669.htmv.

[66]李南,葛春林,张立伟.生态位视角下三大球改革与发展研究——基于社会资源的竞争与合作[J].北京体育大学学报,2017,40(5):34-38.

[64]王阿婷,曹宗航,熊焰.竞技体育跨界跨项选材的学理基础、实践逻辑与实施路径[J].体育文化导刊,2019(12):77-82.

[65]罗宇昕等.数字经济引领体育产业高质量发展的多维价值及推进方略[J].西安体育学院学报,2022,39(1):64-72.

[66]李刚,张林.上海体育赛事发展经验与启示[J].体育文化导刊,2021(5):48-53.

[67]赵晶,闫育东.中国篮球运动爱国主义精神在体育强国建设中的弘扬与思考[J].北京体育大学学报,2021,44(1):1-9.

[68]陈林会,刘青.制约我国三大球项目发展的瓶颈与突破路径[J].北京体育大学学报,2017,40(4):6-13+43.

[69]彭国强,杨国庆."十四五"时期中国竞技体育的发展战略与创新路径[J].首都体育学院学报,2021,33(3):257-267.

[70]千帆."云亭"杯2017全国体育院校篮球联赛(SCBA)开赛.环球网[EB/OL].https://sports.huanqiu.com/article/9CaKrnK3d5i.2017-05-31.

[71]赵亮,张欣.天津女排后备人才培养模式与启示[J].山东体育科技,2020,42(5):28-34.

[72]周爱光. 体教融合背景下我国学校体育改革的思考[J]. 体育学刊,2021,28(2):1-6.

[73]教育部. 严格规范做好 2016 年高校高水平运动队招生工作[EB/OL]. (2006-01-22)[2021-09-29]. http://www. moe. gov. cn/jyb_xwfb/gzdt_gzdt/s5987/201601/t20160122_228614. html.

[74]教育部,国家体育总局. 关于进一步完善和规范高校高水平运动队考试招生工作的指导意见[EB/OL]. (2021-09-24)[2021-09-29]. http://www. moe. gov. cn/srcsite/A15/moe_776/s3108/202109/t20210923_566097. html.

[75]国务院. 关于印发全民健身计划(2021—2025 年)的通知[EB/OL]. (2021-08-03)[202-08-05]. http//wwwgov. cn/zhengce/content/2021-08/03/content_5629218. htm.

[76]张春萍等. 新冠肺炎疫情对我国体育赛事利益相关者的影响及应对策略[J]. 北京体育大学学报,2020,43(11):34-41.

[77]臧士墉. SCBA 与 CUBA 篮球联赛运行机制比较研究[D]. 山东体育学院,硕士学位论文,2019.

[78]向玉波,王硕,王小玲. 马太效应视域下 CUBA 联赛发展困境及优化策略[J]. 体育科技文献通报,2021,29(6):81-84.

[79]胡小清,唐炎,刘阳,王建. 近 30 年美国中小学体育教育发展现状及启示——基于《美国学校体育教育发展现状报告》的文本分析[J]. 上海体育学院学报,2018,42(6):82-97.

[80]王宇. SCBA 与 NCAA 篮球联赛运行机制比较研究[D]. 山东体育学院,硕士学位论文,2017.

[81]刘海元,冯爱民. 对全国青少年校园足球特色学校建设若干问题的思考[J]. 体育学刊,2019,26(2):6-15.

[82]林桥兵等. 重大突发公共卫生事件下我国大型体育赛事风险防

范与管理研究[J].吉林体育学院学报,2020,36(3):30-35.

[83]马佳圆.河北省竞技三大球项目发展现状与对策研究[D].河北师范大学,硕士学位论文,2018.

[84]吴涛.三大球运动对大学生人格因素的影响分析[J].青少年体育,2016(12):5-6,26.

[85]张欣.制约天津市三大球后备人才培养的主要因素及对策[J].当代体育科技,2016,6(36):235-236+238.

[86]孟文,耿文光.全民健身计划推动下"三大球"发展路径探索[J].体育科技,2017,38(2):95-96.

[87]王建伟,黄继珍.文化视野下的我国三大球发展困境及其出路[J].广州体育学院学报,2016,36(6):68-73.

[88]加林·索勒达什从三大球的发展反思中学体育教育[C].国家教师科研基金管理办公室.国家教师科研专项基金科研成果2019(七).国家教师科研基金管理办公室,2019:2.

[89]崔秀云.新全运周期陕西省三大球发展策略SWOT分析[J].体育世界(学术版),2019(7):62-63.

[90]彭国强,舒盛芳.中美高校三大球竞赛体系特征的对比与分析[J].沈阳体育学院学报,2016,35(3):93-100.

[91]高晓雯.体育强国建设与三大球振兴策略研究[J].才智,2015(35):284.

[92]池建.历史交汇期的体育强国梦——基于党的十九大精神发展中国特色社会主义体育强国之路[J].北京体育大学学报,2018,41(1):1-8.

[93]杨桦.体育改革:成就、问题与突破[J].体育科学,2019,39(1):5-11.

[94]钟秉枢.从封闭到开放——对中国体育与世界体育互动的思考

[J].体育科学,2018,38(7):19-20.

[95]段炼,张守伟.我国青少年足球教练员执教能力培养研究[J].沈阳体育学院学报,2019,38(2):86-91+115.

[96]雷蕾,宋耀伟.我国高水平教练员培养资源分布的时空格局分析[J].南京体育学院学报(自然科学版),2017(6):120-126.

[97]于少勇,陈洪波,张鑫."三大球"项目教练员服务型领导行为的结构及测量[J].武汉体育学院学报,2020,54(5):82-87.

后 记

《新型举国体制背景下“十四五”时期天津市三大球振兴实施路径研究》是天津市2021年度哲学社会科学规划课题,课题编号:(TJTY21-005),从项目立项到最终成稿,都是在项目负责人周秉政(天津体育学院),及课题组成员努力下,完成的研究成果。

该项目一直遵循习近平总书记对三大球的指示,三大球要搞上去,这是一个体育强国的标志。国务院办公厅印发的《体育强国建设纲要》中提出的,努力将体育建设成为中华民族伟大复兴的标志性事业。结合天津市的十四五规划,以三大球的振兴是天津市建设运动之都、体育强市不可或缺的核心内容;三大球振兴是天津市竞技体育高质量发展不可或缺的关键领域;三大球振兴是推动天津市全民健身项目化、竞赛化的助推器;三大球振兴是推动天津市体育产业发展的重要引擎;三大球振兴是推动天津市体育文化建设不可或缺的示范工程等问题为研究重要抓手,在战略层面科学把控,遵循规律、统筹发展;改革引领、创新驱动;依法治理、规范发展;开放协作、共建共享。提出了具有天津市特色的三大球管理体制,创建了充满活力的天津市三大球发展内生机制,建立了规范有效的天津市三大球振兴实施路径。

天津市三大球的振兴是体育强国重要的组成部分,责任重大、使命光荣。振兴三大球既要区别对待,也没有捷径可走,只有充分发挥中国特色社会主义制度的优势、新型举国体制的优势,实事求是、遵从规律、重基础、补短板、强弱项，在开放中协作、在改革中共建，天津市三大球才能在正确的方向上行稳致远，进而有为。